保育士・幼稚園教諭・支援者のための

乳幼児の発達からみる
保育"気づき"ポイント44

著 **横山浩之**
山形大学教授

診断と治療社

はじめに

　本書は，大崎市立古川北町保育所，古川東保育所，古川西保育所，古川たんぽぽ保育所，ほなみの杜保育園，大崎市子育てわくわくランド（子育て支援センター）での巡回指導による実践成果である．およそ15年前にアスペルガー症候群がある子どもの対応方法を実地で教えるために訪問したのが縁になった．縁を作った武川裕子氏（現さくら保育園 園長）に感謝したい．

　実践成果である以上，本来は保育士のみなさんが著述したほうがよい．しかしながら，私がこの実践成果を「保育士・幼稚園教諭・支援者のための保育ポイント」という視点で見直し，皆さんへのアドバイスという形でまとめることで，より多くの方に役立つ内容になると信じ，執筆した次第である．

　本書の大きな特長は以下である．
　　1. 基本見開き2ページとし，読みやすさを心がけた．
　　2. 最初に「ポイント」を示すことで，各テーマでやるべきことがすぐにわかるようにした．
　　3. 発達をみるときのツールとして「遠城寺式・乳幼児分析的発達検査表（九州大学小児科改訂版）」を活用している．

　本書における実践は，発達障害の有無にかかわらず，子どもの発達を踏まえた保育である．就学前までの0歳～6歳は発達に伴う成長が著しい時期で，1歳の差がきわめて大きい．よって，発達段階に応じた保育・教育では，0歳児から5歳児までのどのクラスでも異なる配慮が求められる．この差異をわかって保育ができると，発達上の問題をかかえた子どもを発見できるだけではなく，対応の仕方もわかってくる．つまり，子どもの発達をふまえた保育は，子どもに無駄な努力をさせない，優しい保育をなのである．このような保育は，子どもにやさしいだけではなく，保育士にもやさしい（優しい・易しい，両方の意味で）．このやさしい保育ができるようになって，私たちは，発達障害と同様に，不適切な子育てによる行動異常もわかるようになった．環境要因の改善によって，子どもが立ち直っていくこともあるからだ．

　このような保育実践の進展のあいだ，私は大崎市民病院小児科の小児神経外来を担当させていただいている．つまり，早期診断・早期治療介入のための保育～教育～医療の連携が実践できているわけである．

　最後に長期間にわたりご支援いただいている大崎市民病院小児科の工藤充哉先生，岩城利充先生，諸先生方，看護師，スタッフの方々に深謝したい．また，関係部署である母子保健担当保健師や子育て支援課の諸氏のご協力もあって，本書におさめられた「小学校に入るまでにできてほしいこと」のプリントは大崎市内のすべての保育園・幼稚園にも配布された．このようなたくさんの人の輪の中で，本書の実践が作られてきた．本書は関係した方々による努力の結晶であり，私は助言者でしかない．また，本書が読者にわかりやすくなるように，柿澤美帆氏，堀江康弘氏に誠心誠意ご尽力いただいた．ご助力いただいた方々に，この場を借りて御礼申し上げたい．

　本書が，発達障害や虐待の早期発見・早期治療に役立てられるのみではなく，子育て支援に役立つことを祈ってやまない．

　2014年5月の連休に

横山浩之

CONTENTS

はじめに　iii

● 発達を評価して教育に生かす 1〜3

LESSON 1	よりよい保育・幼児教育のために，子どもの発達を知ろう	2
LESSON 2	遠城寺式発達検査表で子どもを理解しよう	4
LESSON 3	遠城寺式発達検査表を使って子どもを指導しよう	7
	COLUMN　赤ちゃんはお母さんがいつわかる？　9	

● 0歳児保育のポイント 1〜6

LESSON 4	運動能力を育てよう	12
	COLUMN　今はなくなったパラシュート反射　13	
LESSON 5	食行動を育てよう／食行動は何より大切	14
	COLUMN　好き嫌いと神様がくれた時期　15	
LESSON 6	好ましい愛着形成を身につけさせる	16
LESSON 7	しつけの基本は0歳児から	18
	COLUMN　表情や口調でだめだと伝えるコツ　19	
LESSON 8	0歳児保育のうちに子ども虐待をみつけよう	20
LESSON 9	0歳児の母親支援にあたって	22
	COLUMN　失敗学のすすめ　23	

● 1歳児保育のポイント 1〜7

LESSON 10	生活習慣を身につけさせよう	24
LESSON 11	早寝早起きを身につけさせよう	26
LESSON 12	しつけの3原則を教えよう	28
LESSON 13	絵本の読み聞かせとお手伝い	30
LESSON 14	メディアの問題を考えて，保護者に正しい知識を啓蒙しよう	32
	COLUMN　言葉をうばうメディア　33	
LESSON 15	ペアレントトレーニングことはじめ——相手をした行動が子どもに残る	34
LESSON 16	1歳児クラスは保育園の礎（いしずえ）	36

2〜5歳児クラスで必要なこと 1〜9

- LESSON 17　子ども集団を意識すること……………………………………38
- LESSON 18　指導者の立ち位置を確保しよう……………………………………41
- LESSON 19　指導者の動線を確保しよう……………………………………44
- LESSON 20　子どもによる作品の掲示場所……………………………………46
- LESSON 21　整理整頓された環境を経験させよう……………………………………48
- LESSON 22　ティーム・ティーチングの危うさを知ろう……………………………………50
  - COLUMN　目配りと立ち位置を考えよう　52
- LESSON 23　対応の基本を知ろう──ペアレントトレーニング(PT)手法のすすめ……………53
- LESSON 24　何でも一言で提示しよう……………………………………56
  - COLUMN　「何でも一言で提示しよう」を守ってほしいもう一つの理由　57
- LESSON 25　保育・幼児教育の目標を具体的に考える……………………………………58

気になる子どもの早期発見と対応 1〜2

- LESSON 26　2歳児クラスと行動異常──発達障害と子ども虐待……………………………………64
- LESSON 27　3歳児の行動異常と家庭教育の外注……………………………………66
  - COLUMN　おむつの外し方　67

3歳児クラスのポイント 1〜4

- LESSON 28　自我の目覚めを理解しよう……………………………………68
  - COLUMN　クレヨンしんちゃん状態が長く続くときは，不適切な子育て（幼児教育を含む）を疑え　70
- LESSON 29　"こっちみて行動"の増加を理解しよう……………………………………71
- LESSON 30　女の子の力を借りよう……………………………………74
- LESSON 31　ルールのある遊びを活用する……………………………………76

4歳児クラスのポイント 1〜3

- LESSON 32　4歳児クラス特有の事情を知ろう……………………………………78
  - COLUMN　家庭教育の外注化と幼児教育　80
- LESSON 33　役割分担をもたせよう……………………………………81
  - COLUMN　障害がある子どもの弟・妹に関して　83
- LESSON 34　男の子の運動発達を知ろう……………………………………84
  - COLUMN　幼稚園の男の子と小学3年生の女の子の運動能力の差　85

4，5歳児クラスのポイント 1〜3

LESSON 35　一次反抗期はよいこと……86
LESSON 36　メディアの害が目立つのは4歳児以降……89
　　　　　COLUMN　メディアに利用される青少年たち　91
LESSON 37　5歳児クラスの目標は，自分があこがれの対象になること……92

周囲との連携のポイント 1〜4

LESSON 38　保護者との連携――よい保育・教育のために……94
LESSON 39　子どもをはぐくむために保護者と連携する仕組みを作ろう……96
LESSON 40　外部機関との連携にあたって必要なこと……98
LESSON 41　管理職の方へ――あなたしかできない保護者との連携……100

個別支援を考える 1〜3

LESSON 42　保育・幼児教育における個別支援について……103
　　　　　COLUMN　心理士と医師の言葉の重み　105
LESSON 43　就学指導を考える……106
LESSON 44　自閉症スペクトルの支援について……108

付　録

事例1〜4……112
評価シート……128
睡眠・覚醒記録表……129

INDEX……130

保育士・幼稚園教諭・支援者のための
**乳幼児の発達からみる
保育"気づき"ポイント 44**

LESSON

LESSON 1 よりよい保育・幼児教育のために，子どもの発達を知ろう

発達を評価して教育に生かす1

> **POINT** しっかりと子どもを観察し，子どもの発達過程を理解して対応することが大事。
> 自己満足な保育・幼児教育の結果は，小学校・中学校での不適応をまねく。

保育される子どもは0歳児～6歳児までいます。この乳幼児の時期は発達が著しいときなので，子どもの指導目標は毎年違ってくることは，読者のみなさんもご存じと思います。

本書を読むことで，プロの保育士・幼稚園教諭として発達に根ざした客観的な根拠を示せる保育・幼児教育をしていただけたらと思います。

0～6歳までは，人の一生の中で心身ともに最も発達がめざましい時期

0～6歳までの時期というのは，人の一生の中で，最も変化が大きい時期です。心身ともに発達がめざましく，1年の差が大変大きい時期なのです。

そのため，不適切で悪い保育・幼児教育でも，子どもが成長して変わっていく様子が目に見えます。このことが理由だと思いますが，自己満足としかいえない保育・幼児教育をしている保育園・幼稚園・こども園が確かに存在します。

A市の子育て支援センターで，「B幼稚園出身の子どもに不登校が多い」と職員が話しました。過去に遡って調べてみたところ，確かにB幼稚園出身の子どもは，他の幼稚園出身者に比べて不登校が多い（$p<0.01$*）とわかりました。保護者の話によれば，B幼稚園の教育内容は発達を考えていませんでした。よくいえば英才教育ですが，詰めこみ教育といえました。

このように，乳幼児期の不適切な保育・教育の結果は卒園してからはっきりしてきます。ある保育・教育をしてそれがよかったかどうかは，その子どもが小学校に行って，適応できているかどうかを知るとはっきりします。この意味で，幼保小連携は大変貴重な機会です。自分のところの卒園生がどうなっていったかを知ることは大切です。

気になる子ども保育・幼児教育での意志決定："観察→判断→決定→行動"

日常の保育・幼児教育の中で，保育士や幼稚園教諭は，図1-1のように行動しています。子どもの行動を「観察」して，何らかの「判断」をして，何をするのかを「決定」して，「行動」しています。そして，先生の行動に対して子どもが反応し，それをまた「観察」する‥‥という循環（ループ）ができ上がっています。

---

*統計にかけてみたところ，この結論は99％正しいといえる。

○ すぐに実行！	× これはNG！
子どもを観察して，発達を判断して，適切な保育・教育内容を決定しましょう。	気になる行動を放置する。「様子をみる」といって判断を先送りする。

　先生方は，子どもに気になる行動があって（図1-1：観察），理由がわかれば（判断），どんな対応をしたらよいかわかって（決定），対応します（行動）。そして，子どもの気になる行動が改善されるかどうかを見守り（観察）ます。このように，先生方は，観察→判断→決定→行動→観察・・・というループを作って行動しています。

　子どもが発達上の問題を抱えていたり，不適切な環境で育っていたりして，行動上の問題があると，子どもの様々な発達に影響を与えます。

　子どもの気になる行動には気づいても，すなわち，観察はできても，その後の判断がむずかしいのではないでしょうか。たとえば，大人の言うことをきかない子どもがいて，自我の目覚めのような正常発達の一段階なのか，発達障害なのかが判断できないのではないでしょうか。また，判断ができても，どんな対応をするのがよいのか決定できないのではないでしょうか。気になる行動に気がついても，何もしてあげられないのは，支援者にとって大きな苦痛でしょう。

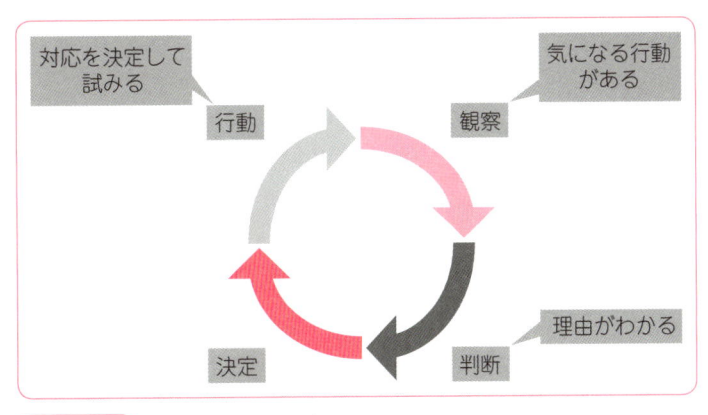

図1-1 意志決定のループ

発達の視点から，子どもの気になる行動を考えよう

　どのような問題であって，どのように保育・教育すれば，問題が解決でき，子どもをよりよくできるのでしょうか。この基本を伝授するのが本書のねらいです。そのためには，よりよい保育・幼児教育に必要なことをきちんと理解することです。上記のループにあてはめれば，「観察」した子どもの行動を，発達に合わせてきちんと「判断」することが必要なのです。そしてその「判断」には，子どもの発達を正しく理解することが大きく役立つことをお伝えしたいと思います。これは本書のテーマでもあります。次項で，客観的に判断する手助けとなるツールを紹介いたします。

LESSON 2 遠城寺式発達検査表で子どもを理解しよう

発達を評価して教育に生かす 2

> **POINT** 遠城寺式発達検査表は子どもの保育にかかわる人にぜひ使ってほしい，大変よくできたツールである。

子どもの行動を客観的に判断するツールとして，遠城寺式・乳幼児分析的発達検査表（以下，遠城寺式発達検査表）があります。子どもの発達を客観的に理解するうえで大変有用なツールです。この表の特徴をあげます（表2-1）。

表2-1 遠城寺式発達検査表の特徴

❶「運動」「社会性」「言語」の3つの領域に分けて判断する　→　表の一番下
❷ 年齢・月齢が書いてある*　→　表の左側
❸ 子どもの行動が書いてある　→　表のメイン

遠城寺式発達検査表（表2-2）は，1958年に九州大学小児科の遠城寺宗徳教授によって作成されました。多くの子どもを調査して作成された乳幼児発達検査法です。子どもの検査法の進歩等を取り入れた改訂作業がなされ，1977年に「九大小児科改訂版」となりました。

遠城寺式発達検査表では，移動運動，手の運動，基本的習慣，対人関係，発語，言語理解の6領域に分けて，子どもの発達を分析でき，評価しやすいのが特徴です。すなわち，特別な器具や技能がなくても，評価できるように作られています。

つまり，作成された当時から，小児科医でない医師や保健師が利用できるように作られています。また，左側にグラフとして示すことも可能なので，発達の様子を経時的に図示することもできます。

使い方①─書いてある行動は，90％の子どもができることを意味する

たとえば，「親の話し方で，感情を聞き分ける（禁止など）」と書いてあるところがあります。この項目の四角の上の線を伸ばすと，0歳7か月にあたります。これは，0歳7か月で

---

*未熟児や早産児の場合は，暦年齢を出産予定日から年齢・月齢を数える。36週（正常範囲内）の場合，暦年齢より1か月少ないことになる。

表2-2 遠城寺式・乳幼児分析的発達検査表（九州大学小児科改訂版）の一部

年:月	生年月日	年　月　日生	診断	移動運動	手の運動	基本的習慣	対人関係	発語	言語理解
4:8				スキップができる	紙飛行機を自分で折る	ひとりで着衣ができる	砂場で二人以上で協力して一つの山を作る	文章の復唱(2/3)（子供が一人ブランコに乗っています。山の上に大きな月がでています。きのうお母さんと買物に行きました。）	左右がわかる
4:4				ブランコに立ちのりしてこぐ	はずむボールをつかむ	信号を見て正しく道路をわたる	ジャンケンで勝負をきめる	四数詞の復唱(2/3) 5-2-4-9 / 6-8-3-5 / 7-3-2-8	数の概念がわかる（5まで）
4:0				片足で数歩とぶ	紙を直線にそって切る	入浴時、ある程度自分で体を洗う	母親にことわって友達の家に遊びに行く	両親の姓名、住所を言う	用途による物の指示(5/5)（本、鉛筆、時計、いす、電燈）
3:8				幅とび（両足をそろえて前にとぶ）	十字をかく	鼻をかむ	友達と順番にものを使う（ブランコなど）	文章の復唱(2/3)（きれいな花が咲いています。飛行機は空を飛びます。じょうずに歌をうたいます。）	数の概念がわかる（3まで）
3:4				でんぐりかえしをする	ボタンをはめる	顔をひとりで洗う	「こうしていい？」と許可を求める	同年齢の子供と会話ができる	高い、低いがわかる
3:0				片足で2〜3秒立つ	はさみを使って紙を切る	上着を自分で脱ぐ	ままごとで役を演じることができる	二語文の復唱(2/3)（小さな人形、赤いふうせん、おいしいお菓子）	赤、青、黄、緑がわかる(4/4)
2:9				立ったままでくるっとまわる	まねて〇をかく	靴をひとりではく	年下の子供の世話をやきたがる	二数詞の復唱(2/3) 5-8 / 6-2 / 3-9	長い、短いがわかる
2:6				足を交互に出して階段を上がる	まねて直線を引く	こぼさないでひとりで食べる	友達とけんかをすると言いつけにくる	自分の姓名を言う	大きい、小さいがわかる
2:3				両足でぴょんぴょん跳ぶ	鉄棒などに両手でぶらさがる	ひとりでパンツを脱ぐ	電話ごっこをする	「きれいね」「おいしいね」などの表現ができる	鼻、髪、歯、舌、へそ、爪を指示する(4/6)
2:0				ボールを前にける	積木を横に二つ以上ならべる	排尿を予告する	親から離れて遊ぶ	二語文を話す（「ワンワンきた」など）	「もうひとつ」「もうすこし」がわかる
1:9				ひとりで一段ごとに足をそろえながら階段をあがる	鉛筆でぐるぐるまるをかく	ストローで飲む	友達と手をつなぐ	絵本を見て三つのものの名前を言う	目、口、耳、手、足、腹を指示する(4/6)
1:6									
〜									
0:3				あおむけにして体をおこしたとき頭を保つ	頬にふれたものを取ろうとして手を動かす	顔に布をかけられて不快を示す	人の声がする方に向く	泣かずに声を出す（アー、ウァ、など）	人の声でしずまる
0:2				腹ばいで頭をちょっとあげる	手を口に持っていってしゃぶる	満腹になると乳首を舌でおし出したり顔をそむけたりする	人の顔をじいっと見つめる	いろいろな泣き声を出す	
0:1				あおむけでときどき左右に首の向きをかえる	手にふれたものをつかむ	空腹時に抱くと顔を乳の方に向けてほしがる	泣いているとき抱きあげるとしずまる	元気な声で泣く	大きな音に反応する
0:0									

区分：運動（移動運動／手の運動）　社会性（基本的習慣／対人関係）　言語（発語／言語理解）

© 1977 遠城寺宗徳（発行所　慶應義塾大学出版会）

90％の子どもができることを意味しています。これは、「親の話し方で、感情を聞き分ける」ことが、もし0歳9か月（2か月の遅れ）でできなければ少し気にかけたほうがいいというふうに判断できます。1歳（5か月の遅れ）でもできなかったら、対応が必要と明確に判断できます。

　文部科学省は「通常学級に通う特別な支援が必要な子どもは6.5％だ」と表明しています。また特別支援学級・特別支援学校が必要な子どもは2〜3％程度です。つまりおよそ10％の子どもに何らかの支援が必要ということになります。よって、遠城寺式発達検査表の基準である「90％の子どもができる」というのは、大変よくできているといえます。

LESSON 2　遠城寺式発達検査表で子どもを理解しよう

> ◯ **すぐに実行！**
> 遠城寺式発達検査表を試してみよう。

> ✗ **これはNG！**
> 自分で観察せずに，人に聞いた情報で検査結果を出す。

使い方②―「自発的にできる」だけが，「できる：◯」

　遠城寺式を使って，「できている」，「できない」ということの判定には決まりがあります。「自発的にできる」だけが，「できる：◯」です。

　「教えればできる」「いえばできる」「できたりできなかったりする」。これらはどれも「できない：×」と判断しましょう。

　またこの判断は，保護者からの聞き取りではなく，必ず自分で子どもをみて確認してください。母親からの伝聞だけでは，判断をまちがえることが多いようです。

使い方③―言語理解の項目に注意する

　言語理解で誤解しやすい項目があります。上から2番目に「数の概念がわかる（5まで）」とあります。その少し下にも，「数の概念がわかる（3まで）」とあります。数の概念がわかるというのは，「1，2，3」などと数えられるという意味ではありません。

　「数の概念がわかる（5まで）」というのは，「3枚，お皿をもっておいで」というと，3枚もってこられる，「5個，おはじきをもっておいで」というと，5個のおはじきをもってこられるという能力をいいます。「1，2，3…」と唱える能力は，数の概念とはいいません。唱える能力なら，10までは，おおむね2歳半でいえます。「1，2，3，4，」と唱えながら，指を一つずつ立てていき，指は3で止まっても，2歳の子どもはおかしいと思いません。これが，3歳半になって，数の概念がきちんとわかると「先生，3じゃない」と間違いを指摘されます。数の概念は，はじめて遠城寺式を使うひとが間違いやすいポイントですので，覚えてください。

使い方④―飛び越して◯がある場合

　だるま落としのように◯×をいれかえて発達段階を評価してください。

　たとえば1歳9か月まですべて◯で，2歳0か月が×，2歳3か月が◯，2歳6か月以降はすべて×である場合には，2歳0か月の発達とします。実例と発達年齢の付け方はp.114をご覧ください。

LESSON 3 発達を評価して教育に生かす3

遠城寺式発達検査表を使って子どもを指導しよう

POINT 子どもの行動を観察し，遠城寺式発達検査表を使って子どもの発達を評価しよう。評価の結果から，適切な課題を見つけられる。

前項で述べたように，遠城寺式発達検査表を使って子どもの行動を理解すると，子どもの発達段階がわかります。発達段階がわかると，その子どもに対する指導の重要項目は，自ずと決定されることになります。

なぜなら，"教育のレディネス"を利用できるからです。聞いたことがない言葉かもしれませんが，大切な考え方ですので，ぜひ知っておいてください。

教育のレディネスって？

図3-1を見てください。この図をみて教えるべき中心内容は何でしょうか。それはCのところです。AやBではないことに注意してください。教育心理学者のゲゼル（Gesell, AL.）は，「乳幼児の発達には個人差はあるが，その順序には個人差がない」ことを見出しました。そして，成熟によって何らかの機能が可能となる状態を"レディネス"と名付けました。日本語で，「準備状態」という意味です。ゲゼルの功績は，レディネスが形成される前の学習・教育は効率的でないばかりか，無益であったり，有害であったりすることを見出したことです。

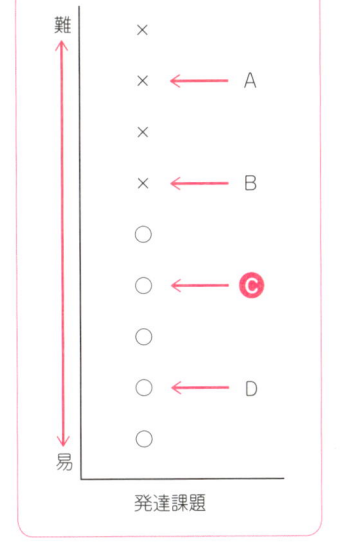

保育・幼児教育に"教育のレディネス"を活かすには？

図3-1 教育のレディネス

図3-1のCのところは覚えたてで，本人もその意味を十分に学習できていません。そのときに，Bを教えられてもCの意味までわかっていないので，結局"猿まね"になってしまいます。いくら猿まねができても，中身がわからないので生活に生かすこともできなければ，応用もできません。そればかりか，覚えたてのCを忘れてしまいます。それではどうすればよいでしょうか。それは，Cのところを繰り返し学習し中身の理解に努めさせることです。そうすると，Bが自然に（教えなくても）できるようになります。

子どもは，自分からできるようになったことで，自己有能感が高まるわけです。それに対

> ⭕ **すぐに実行！**
> 子どもの発達レベルに合った学習課題をよく考える。そうすれば自然と子どもの自己有能感を高めることができる。

> ❌ **これはNG！**
> 子どもの発達を無視して（保護者の希望にあわせて）学習させる。

して，Bを教えられ続けていると，最終的にはできるようになるかもしれませんが，いくらいわれてもできない時期が続くことから，自己有能感が損なわれます。レディネスが形成できる前の学習・教育が有害であるといったのは，まさにこのことです。

本書のここまでを十分理解できれば，遠城寺式発達検査表によって，子どもを評価することが，保育・幼児教育において，大切な意味をもつことがおわかりいただけるかと思います。乳幼児期の子どもの行動異常の大半は，子どもの発達段階を理解しない人たちが，子ども自身まだ理解できないことや不適切な内容を教えたことによる結果と筆者は考えています。筆者からみれば，それは子ども虐待（心理的虐待）にあたります。

遠城寺式発達検査表のような客観的な評価を行うことを"レッテル貼り"とみなし，"愛情をもって育てる"ことを大切にしたい小児科医や心理士もいるようですが，そういう考えに偏重しすぎると，子どもの行動異常の作り手になりかねないといえるでしょう。

CASE 1　3歳9か月女児

> 乳児健診では異常を指摘されたことはありません。3歳から保育園に入園しましたが，半年経っても周りの子どもたちと一緒に遊べない，すぐに泣いてしまいます。着替えや手洗いなどは自分でできますが，時間がかかります。

遠城寺式発達検査表（表3-1）をみてみましょう。移動運動は年齢相応ですが，手の運動，基本的習慣では4か月，発語では8か月，対人関係と言語理解では12か月の遅れが認められます。

❶　手の運動や基本的習慣の遅れはありますが，行動観察から手先が不器用な感じはしないため，家庭で"したことがない"ことが多いようなので，着替えや手洗いなどで急かすことはせずに，時間をかけて何度も練習させました。

❷　周りの子どもたちとの遊びは好みませんが，年下の子どもたちと遊ぶことは喜んで行うので，自由保育の時間を中心に1〜2歳年下の子どもたちと遊ぶことを十分にさせました。

❸　また，言葉の遅れが認められたことから，家庭でも絵本の読み聞かせを十分にしてあげることと，TV・ビデオなどのメディアの利用を家庭でも控えてもらい，人とのやりとりを楽しむ機会を増やすようにお願いしました。

4歳3か月を過ぎたころから，保育園内でも積極性が認められるようになり，言葉も増えてきました。同学年の子どもたちとも遊ぶようになり，ルールのある遊びを好んでするよう

表3-1 遠城寺式発達検査表による評価（CASE 1）

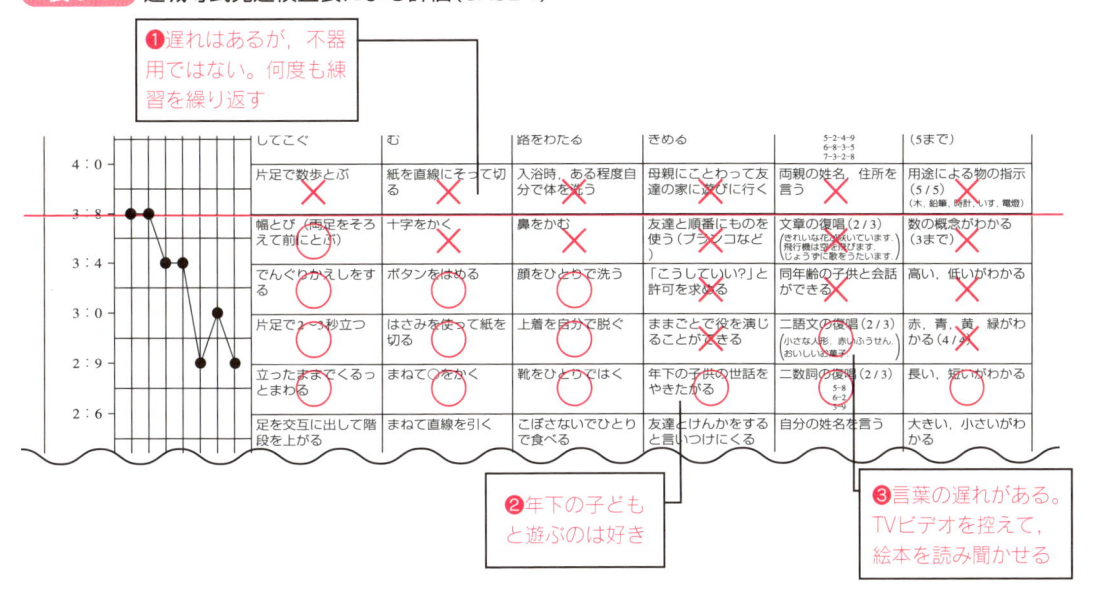

❶ 遅れはあるが、不器用ではない。何度も練習を繰り返す

❷ 年下の子どもと遊ぶのは好き

❸ 言葉の遅れがある。TVビデオを控えて、絵本を読み聞かせる

年：月	移動運動	手の運動	基本的習慣	対人関係	発語	言語理解
	運 動		社 会 性		言 語	

になってきました。

　4歳8か月時に再評価したところ、発語で4か月の遅れが認められたものの、他項目での遅れは認められず、保育園内での行動については、特に配慮すべきことはないと思われました。

　以上の経過については、保護者の了解を得たうえで、入学する小学校に経過を簡単にまとめて伝えることとなりました。

　　　　　　　　　　　　　　　　　　　　　　　（上記事例は実例をもとに再構成しています）

COLUMN　赤ちゃんはお母さんがいつわかる？

　赤ちゃんはいつから誰がお母さんがわかるか・・・答えは、生まれたときです。

　生まれたとき、もう赤ちゃんは、声を通じて誰がお母さんかわかります。赤ちゃんの脳血流は、大泉門を通して、近赤外分光法で測定できます。お母さんの話し声を聞くと、赤ちゃんの脳血流は増加することがわかっています。残念ながら、お父さんの声を聞いても反応はありません。

　お母さんの声を録音して、正しく再生すると赤ちゃんの脳血流は増加しますが、逆回し再生（音としては同じ成分だが、意味が通じない）では脳血流は増加しません。すなわち、赤ちゃんは生まれながらにして、母国語が認識できているのです。

LESSON 3　遠城寺式発達検査表を使って子どもを指導しよう　9

CASE 2　3歳男児

●経験不足による発達の遅れの事例

　3歳児クラスに入園してきたお子さんです。父母（30歳台後半）と子どもの3人の核家族です。本人のいやがることはさせない，おおらかに育てたいという方針でやってきたそうです。このたび，母親の産休・育休が終わるために入所しました。まだおむつがとれていません。

　入所して3か月がたちましたが，まだ集団行動がとれないことや，何かあると泣いて固まってしまうことから，気になる子どもとして，遠城寺式発達検査表で評価されました（表3-2）。暦年齢3歳8か月ですが，基本的習慣や対人関係を中心とした遅れが目立ちます。

　家庭での様子を聞いてみると，就寝は夜10時過ぎ，起床は登園ぎりぎりで，朝ごはんはお菓子や牛乳だけのこともあるようです。本人専用のタブレット端末でずっと遊んでいるそうです。入所後に虫歯も多いことが判明し，歯医者では口を開けないため，治療ができないそうです。

　保育園では，ペアレントトレーニングの手法（→ LESSON 15, 23〈p.34, p.53〉）を徹底しました。泣けば何かしてもらえると子どもが誤解しているので，意図的に放置したこともたびたびありました。偶然よい行動をしていることをほめて，子どもと一緒に行動しました。手を取ってやらせて，ほめることも繰り返し，繰り返し行いました。やってもらおうと，子どもが手を引っ込めてしまっても妥協せず，二人羽織のようにしてさせて，ほめていきました。

　周りの女の子たちが，世話をしてくれることもよくありましたが，少しずつ自分でやらせるようにしむけました。時には，自分の代わりに女の子にやってもらっていたので，男の子に赤ちゃんみたいとからかわれて泣くこともありましたが，「がんばろうね」とうながし，自分で行動させることもしました。

　遠城寺式発達検査表で，発達段階が低いほうからみて最初の×がある手前の課題をがんばらせました。たとえば，「立ったままでぐるっと回る」「鉄棒などに両手でぶら下がる」「自分で口元をふく」「簡単な手伝いをする」「簡単な命令を実行する」といった項目です。

　保育園での様子を伝え，家庭での様子を聞くときには，担任だけではなく，主任さんや管理職の力も借りました（→ LESSON 41「管理職の方へ――あなたしかできない保護者との連携」〈p.100〉）。

　基本的な生活習慣（→ LESSON 10「生活習慣を身につけさせよう」の各項目〈p.24〉）を守るように保護者に指導するとともに，→ LESSON 14「メディアの問題を考えて，保護者に正しい知識を啓蒙しよう」〈p.32〉についても，保護者に伝える努力をしました。保健師や子育て支援センターとも連携して，3歳6か月健診のときにも，保護者に同様の内容を指

導してもらいました。

LESSON 13「絵本の読み聞かせとお手伝い」〈p.30〉も，家庭で毎日15分ずつしてもらえるようにお願いしました。クラス通信で，子育てに熱心な周りの保護者がうまく行っている様子をお伝えしたのが，保護者にとっては励みになったようです。

4歳2か月の時点では，これまで経験できていなかったことを少しずつ経験してきた成果がでてきたのか，手の運動や基本的習慣の項目で，進歩が認められています。CASE 2は経験不足による発達の遅れであろうと考えています。

表3-2 遠城寺式発達検査表による評価（CASE 2：経験不足の事例）

©1977 遠城寺宗徳（発行所　慶應義塾大学出版会）

著者注：左側は3歳8か月時，右側は4歳2か月時*

---

*上記に示した評価方法は，筆者が保育園で巡回指導している使い方である。
記載方法の一部表記は原法と異なっているが，評価基準が同じであれば，使いやすさ・わかりやすさを優先している。
本検査表の使用にあたっては，筆者が2回の検査を一つにまとめている。

LESSON 4 運動能力を育てよう

0歳児保育のポイント1

POINT 0歳児のうちから積極的に運動能力を伸ばすことを心がける。歩けるようになったら，手を引いて一緒に歩くことが大事。

　0歳0か月の子どもは自分で動くことはほとんどできません。3か月も経つと首が座ります。6か月には寝返りをして，かろうじて座ることができるようになります。そして，8か月になるとひとりで座って遊べるようになり，12か月になると，つたい歩きや座った位置から立ち上がることもできるようになります。早い子どもなら歩きはじめていることでしょう。すなわち，0歳児では粗大運動（移動運動）が急激に育つのが特徴です。

　また，生後6か月頃から，遠城寺式発達検査表の項目にある「手の運動」も急激に伸びます。「基本的習慣」の項目をみてもわかるように，食行動が，"自分でできる"ようになります。12か月までには，コップを自分でもって飲み，さじ（スプーン）で食べようとします。

　このことは，0歳児にこれらの運動発達を支える保育が大切であることを示しています。遊びを通して，運動が好きな子どもを育てていかねばなりません。小児肥満の大切な対策にもなります。

図4-1　ハイハイ坂（巧技台の一種）
役所の施設担当の方の手作り（市販品もある）。ハイハイして，ひっかかるように小さな桟がある。つかまり立ちができるぐらいから使用させ，遊びの中でも利用させている。2歳児クラスぐらいまで使用している。
使用の際には，保育士が両脇について転倒防止をはかり，さらに両脇にマットを敷いてけが防止をしている。

図4-2　園庭の築山（つきやま）
ハイハイで，0歳児クラスから遊ばせている。子どもだけにせず，必ず保育士が見守っている。ブランコとの間に柵を設置して，事故を防止している。

> **すぐに実行！♪**
> 0歳児のうちからたくさん運動させる工夫をしよう。

> **すぐに実行！♪**
> 寝返りをいっぱいさせよう。
> ハイハイをいっぱいさせよう。

COLUMN　今はなくなったパラシュート反射

　生後8ないし10か月ぐらいになると，赤ちゃんの体を支えて，前方に落下させようとする（転ばせてあげる）と，腕を伸ばして手を開いて体を支えようとします。転んだときに手が前に出るわけです。この現象をパラシュート反射と昔はよびました。現在ではパラシュート反応に用語が変わりました。反射は本能ですが，反応は学習結果です。つまり，学習しないと手が前に出るようになりません。転んだときに手が前に出ないと大変危険です。頭や顎をぶつけたり額をすりむいたりします。パラシュート反応を学習できていない子どもは，その後にもっとかわいそうなことになります。4～5歳になっても転んだときに手が出なかった子どもでも，小学校に入るころには，だんだんに手が出るようになってきます。手が出たのはいいのですが，今まで転んだときに，手を出したことがないのです。そのような腕で体重を支えようとすると，その腕はどうなってしまうのでしょうか？

　当然，腕の骨が折れてしまいます。手に近い腕（前腕）には2本骨が入っています。橈骨と尺骨という骨が入っています。この2本とも，あるいは橈骨が折れてしまいます。

　筆者が医学生のころに学んだ教科書には，腕の骨折はお年寄りに多い骨折と書かれていました。お年寄りは加齢に伴う骨粗しょう症により，転倒などで，簡単に骨が折れてしまいます。最近では，普通に転んだだけなのに，この骨折を起こす子どもがいます。パラシュート反応を赤ちゃんのうちに学習しなかったばかりに，骨が鍛えられなかったのです。鍛えられなかった骨で，大きくなってからその練習をすると，重い体重を支えきれなくて折れてしまう。実にかわいそうです。

　0～1歳の時期なら，ハイハイをたくさんさせてあげましょう。ハイハイは疲れるので，飽きないように遊びながらたくさんさせましょう（図4-1）。園の中のお庭に小さい山を作って登らせてあげるのもよいでしょう（図4-2）。また，坂道をハイハイさせたり，階段をハイハイで上らせたりするのもいいでしょう。もちろん，転倒したときに支えられるように必ず大人がついているようにしましょう。また，子どもが安定して歩けるようになったら，面倒でも，親子で歩く習慣をつけましょう。保護者に手を引かれて歩く小さな子どもは，大変そうでも，生き生きとした表情をしています。一方，バギーやベビーカーに乗せられている歩ける子どもはつまらなそうにしています。みなさんも観察してみてください。また，3歳を過ぎたら，買い物カートに子どもを乗せないようにしましょう。安全に歩く練習をいっぱいさせてあげましょう。

LESSON 5 食行動を育てよう／食行動は何より大切

0歳児保育のポイント 2

> **POINT** 食行動から，子どもの愛着形成がはじまる。すなわち，母性の形成も食行動から。子どもの食行動から子ども虐待に気がつけることもある。

図 5-1 のイラストで，どちらがよいかわかりますか？ 保育士ならすぐに気がついてほしい「不適切な子育て」です。

b はお母さんも赤ちゃんも，TV を見ています。メディアの問題（→ LESSON 14「メディアの問題を考えて，保護者に正しい知識を啓蒙しよう」）です。問題なのはお母さんと赤ちゃんの目が合っていないことです。このような状況では，お母さんと子どもとの間で，愛情をはぐくみあえません。お母さんが子どもと目と目で会話する必要があります。

もちろん，夜寝ているときにお母さんが疲れて寝ていて，子どもが泣いた。子どもを引き寄せて，おっぱいにくっつけて，お母さんはそのままグーグー寝ている。こういうのは大いに結構です。お母さんが赤ちゃん以外を見ているのが問題なのです。子どももお母さんを信用しなくなります（愛着形成ができない）。よって，お母さんの母性も育ちません。実例をみてみましょう。

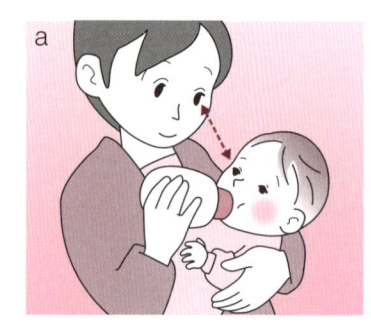

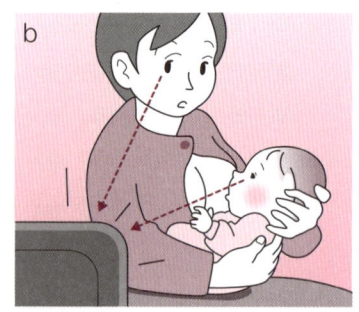

図 5-1 よい哺乳とわるい哺乳

CASE 3　生後 8 か月

保育士が赤ちゃんを抱っこして哺乳すると，のけぞって嫌がり目を合わせないとのことで，保育士が自閉症の疑いをかけて*，巡回相談で相談となりました。筆者も抱っこして哺乳してみましたが，本当に嫌がります。目が全く合わないわけではありませんが，合わせようとしません。また，赤ちゃんを抱っこして，目を合わせると顔と顔が近づきます。このようなとき，8 か月なら，赤ちゃんはにこにこ笑って，私たちにすり寄ってくるでしょう。この赤ちゃんはすり寄ってきません。顔を近づけても近寄ってきません。

*以前に，3歳をすぎて自閉症と診断された乳児の保育経験があるため

> ○ **すぐに実行！**
> 食事は大切なコミュニケーションの時間とわきまえよう。

> × **これはNG！**
> 食事中にTV，ビデオをつける。

　筆者は，赤ちゃんのほっぺたに自分からすりすりしてみました。すると，赤ちゃんは大喜びです。調子に乗って筆者は赤ちゃんのほっぺたにチューしてみました。赤ちゃんはもっと大喜びです。そして赤ちゃんから筆者に視線をあわせるようになりました。その後，哺乳は実にスムーズになりました。

　これは環境に問題があるに違いない。この子のお母さんは，保育園に来るときもしっかり化粧してくるのではないのかと保育士さんに聞いたら，大正解。お母さんは，赤ちゃんが顔をくっつけてきたときに，化粧が崩れるのが嫌だから赤ちゃんを引き離すのでしょう。

　保育士の先生からお母さんに指導してもらいましたが，お母さんは全然やってくれませんでした。うちの子どもに問題ありませんと拒絶されたのです。仕方がないので，保育士さんたちにたっぷりスキンシップをしてもらいました。

　後に，この子どもに妹ができ，お母さんは哺乳をきちんとしていないのがわかりました。子どもによるとタオルで作った台の上に哺乳瓶を置き，そこに赤ちゃんを寝かせる。そして，テレビを見せておく。こんなひどい哺乳を兄妹にしていたのです。

　この兄妹は赤ちゃんからずっとテレビづけですから，保育園では友だちを作れません。何か気に食わないことがあると，パンチ・キックです。なんとかレンジャーなどを見ているから，人間関係というのはそういうものだと誤解しているのです。対策として，保育園でお兄ちゃんに妹の哺乳を練習させてお兄ちゃんがお母さんの前で正しい哺乳を見せるようにしむけました。このことで，兄妹ともに愛着形成のやり直しができます。

　この事例からわかることは，きちんと哺乳行動をとれない母親には母性が育たないということです。母性形成は本能ではないことがよくわかります。

COLUMN　好き嫌いと神様がくれた時期

　生後9か月ぐらいの子どもたちは，なんでも口にしてしまいます。危なくて仕方がありません。しかし，その体験を通して，自分の手で食べる，自分の力で食べるということを学習していくわけです。この時期にいろいろなものを自分の手で食べるという経験をすると，好き嫌いが少ない子どもができるようです。下痢さえしなければ，食べたものがそのまま出ても大丈夫です。母乳栄養の子は少しやわらかめで，少しおしめに水が広がります。たとえば未消化のまま，食べたままの格好で出てきたとしても，下痢でなければ大丈夫です。

　筆者は上の娘の赤ちゃん時代をいつも思い出します。つかまり立ちができたころから，なんでもかんでも手づかみで食べるのです。下痢するどころか快食快便で，どんどん太りました。この時ほど，子どもって動物なのだと思わせられたことはありません。しいたけやにんじん，ピーマンを手にして，大喜びで口に運んでいる娘の写真が今も残っています。

LESSON 5　食行動を育てよう／食行動は何より大切

LESSON 6 好ましい愛着形成を身につけさせる

0歳児保育のポイント3

> **POINT** スキンシップで赤ちゃんに愛情を伝えよう。スキンシップの心地よさで赤ちゃんは愛情を感じ取れるようになり，赤ちゃんの笑顔でお母さんの母性が形成される。

　乳児期に学習しなければならないことは，人の愛情を感じ取れるようになることです。これは乳児期の精神発達のうえで最大の課題です。その基本はスキンシップであり，心身の心地よさを保障してもらえることです。4か月男児の事例をみてみましょう。

CASE 4　4か月男児

　転勤族の核家族での最初の赤ちゃんです。3か月健診で「体が硬い。笑わない」の脳性麻痺の疑いで筆者のところに来ました。診察してみると，神経学的な異常はありません。social smile（人を見てほほえむ）もあります。ところが，お母さんが抱っこすると赤ちゃんは身体を突っ張らせて笑いません。おかしいと思い，筆者が赤ちゃんを受け取ると，赤ちゃんは身体を突っ張ることもなく，ほほえみがみられます。

　お母さんの抱っこは図6-1のように赤ちゃんにとって，不安定な抱き方でした。赤ちゃんの背中は支えられていません。背中が支えられていないので，赤ちゃんは体を突っ張り，落ちまいと必死なのです。その姿勢を脳性麻痺と勘違いされたわけです。つまり，お母さんの抱っこの仕方に問題があったのです。

子どもの愛着形成とお母さんの母性は表裏一体

　お母さんに問題があったとしても，「お母さんの抱っこが悪いから，この子が大変なことになってしまっているのです」と直接的に指導してはなりません。

　母性は赤ちゃんとお母さんの相互作用で作られます。CASE 4では子どもがお母さんへの信用ができていない，愛着形成ができていない状況です。このような場合にはお母さんにも母性が育っていないことが予測されます。したがって，この時点でお母さんに「あなたの抱き方が悪いからです」とはっきり指摘しては，このお母さんには赤ちゃんに対する負担感だけが育ってしまうことでしょう。

　このようなときは，母親を受容することからはじめます。お母さんをいたわるところからです。実際，先ほどの抱き方をやってみるとすぐわかりますが，大変疲れます。

○ すぐに実行！	× これはNG！
母親の母性形成に気を配ろう。	母性形成が不十分な人に，母親としての行動を期待する。

図6-1 の写真内ラベル：
- 水平抱き
- 母親と児の体幹が密着していない
- 頭と頭を支えている

図6-1 母親の抱っこ

図6-2 の写真内ラベル：
- 児の頭を左側に
- 必ず，児を自分に密着
- 右手で，児が丸くなるように抱っこ

図6-2 指導内容

「今の抱き方で疲れないですか？」と聞きます。母親は，「すごく疲れます。もう肩こりがひどくて大変です」といいます。哺乳について聞いてみると，母乳なので，今の抱き方でおっぱいのほうに子どもを引き寄せるとのことでした。最近では赤ちゃんが重くなってきて落としそうになるので，最近は赤ちゃんを寝かせて，おっぱいのほうを近づけるようにしているというのです。

「そうですか，大変ですね」と母親をいたわってから，正しい抱き方（図6-2）を教えました。

しかし，「今までより楽です。やってみます」と話すお母さんはうれしそうではありません。心身ともに疲れて，赤ちゃんがかわいいと思う余裕もないのです。

1か月後，お母さんは指導通りに抱っこをしていたので，赤ちゃんは身体を突っ張らせなくなりました。そして，お母さんにニコッと笑うようになっていました。

さらに1か月後，生後6か月のときには，赤ちゃんは自分の手を前に出して支えながらお座りができていました。発達の問題はありません。この外来のときには，お母さんは子どもがかわいくてたまらない様子でした。ニコニコしながら，子どもにスキンシップしていました。子どもがお母さんに笑いかけるようになったので，お母さんもこの子がかわいいと思えるようになったのでしょう。抱き方の指導によって，赤ちゃんにお母さんへのsocial smileが生まれ，母子関係が改善されたのです。お母さんの母性が育ったといってもいいでしょう。ここまでくれば，もう大丈夫だと告げて，神経外来での診察を終了にしました。

（上記事例は実例をもとに再構成しています）

LESSON 7 しつけの基本は0歳児から

0歳児保育のポイント4

> **POINT** 赤ちゃんは話し方で感情を聞き分けることができる。叱るときは表情と話し方でしっかりと叱り，よい行動をしたときは，心からのほほえみでたっぷりとほめてあげよう。

　遠城寺式発達検査表の言語理解に，"親の話し方で感情を聞き分ける（禁止など）"という項目があります。生後7か月で90%の子どもで可能になるとあります（表7-1）。

表7-1 親の話し方で感情を聞き分ける（禁止など）

暦年齢 [年:月]	移動運動	手の運動	基本的習慣	対人関係	発語	言語理解
0:7〜0:6	腹ばいで体をまわす	おもちゃを一方の手から他方に持ちかえる	コップから飲もうとする	いやがる	おもちゃなどに向って声を出す	親の話し方で感情をききわける（禁止など）
〜				親しみと怒った顔がわかる	り話しかけたりする声が出る	
0:1〜0:0						
	運　　動		社　会　性		言　　語	

　筆者は小児科研修医のころに，遠城寺式発達検査表をみて，「この項目は本当か」と不思議に思ったものです。自分の子どもで試しました。長女が生後6か月半頃，仙台は寒く，ファンヒーターが必要です。娘は寝返りをして，ファンヒーターに近づき，やけどしそうになります。
　長女がファンヒーターに近づき，手を伸ばしたところを筆者がむんずと捕まえて，娘を「めっ」と叱りました。すると，長女は泣きはじめました。なるほど，親の話し方で感情を聞き分けるというのは本当でした。筆者は，ファンヒーターの少し熱いところ，やけどはしないところに，娘の手をつけました。娘は驚いて手を引っ込め，ギャンギャン泣いて寝返りして妻のところへ逃げました。このあと筆者が妻にどれだけ怒られたかは，読者のみなさんが想像する通りです。
　しかし，この一回のしつけで長女は4歳までファンヒーターに近づきませんでした。たった一回の経験で覚えました。筆者は次女のときにも同じことを試してみましたが，結果は同じでした。動物として一回で危ないと覚えられたわけです。

○ すぐに実行！
口調や表情で，子どもをしつけよう。

✕ これはNG！
言ってきかせて，子どもをしつける。

感情を聞き分けるとは――口調や表情が大切

　遠城寺式達検査表にある「親の話し方で感情を聞き分ける（禁止など）」の意味は，「話し方」で聞き分けるのであって，言っている内容を理解できる，わけではありません。口調や表情で禁止を理解できるという意味です。

　悪いことをした赤ちゃんに，「○○ちゃん，こんなことをやっちゃだめですよ」と，ニコニコしながら言えば，「やっていいよ」と教えたことになってしまいます。

　子どもが悪いことをしているときには，きちんと表情で叱ってあげてください。はっきり，だめなのだと伝えてあげてください。そして，子どもたちがあきらめたときに，たっぷりほめてあげてください。心からほめてあげてください。

愛着形成としつけの問題を考える

　子どもへの愛着形成に失敗している人が上記のような表情の練習をしても子どもには効果がありません。なぜなら，誰でも嫌いな人の言うことは聞かないからです。

　上述のテクニックは大切なことで，知っておきたいことですが，これはあくまでテクニックです。嫌われている人がやっても効果はないのです。そこのところはお忘れなくお願いします。すなわち，母性・父性ができていない保護者に，子どもをしつけるときに表情・口調が大切といっても，効果がないということです。

COLUMN　表情や口調でだめだと伝えるコツ

　「表情や口調でだめだと伝える」のには練習がいるかもしれません。先に示したように，子どもの行動がよい方向に変わったら，心からほめてあげることが大切です。このためには，「叱るのはほめるため」だと，理解していなければなりません。感情で叱るのでは，ほめることができません。「演技で叱る」と伝えることもあります。

　研修会で保育士さんたちに，表情や口調でだめだと伝える練習をしてもらったことがあります。よくある失敗は"困っている"表情になってしまう場合です。確実に子どもは言うことをきかなくなってしまいます。また，余談ですが，ある若い保育士さんは，彼氏に媚びるような表情をしていて，思わず笑ってしまったことがあります。子どもはおそらくキョトンとするでしょう。叱る顔を作るには，目を見開いて，口元を引き締めると，怒った顔を作れます。

LESSON 7　しつけの基本は0歳児から

LESSON 8　0歳児保育のうちに子ども虐待をみつけよう

0歳児保育のポイント5

> **POINT** もしネグレクトが疑われたら早期の対応が必要。できるだけ早い正しい対応で，幼児のうちに行動を改善できる。

　虐待には大きく分けて，❶身体的虐待，❷ネグレクト，❸心理的虐待，❹性的虐待の4つがあります（表8-1）。

表8-1　子ども虐待（児童虐待防止法による）

❶ 身体的虐待	児童の身体に痛みと苦痛が生じ，または外傷の生じるおそれのある暴行を加えること。
❷ ネグレクト	児童の心身の正常な発達を妨げるような著しい減食，もしくは長時間の放置その他の保護者としての監護を著しく怠ること。
❸ 心理的虐待	児童に著しい心理的外傷を与える言動を行うことで，児童の健全な発育を阻害するもの。言葉の暴力，一方的な恫喝，無視，存在否定など。
❹ 性的虐待	児童を性的対象にしたり，猥褻なものや性交を見せ付けたり，性的行為を強要することも含まれる。

　CASE 3（p.14）と**CASE 4**（p.16）に示した事例は児童虐待といえます。どちらも，少なくとも心理的虐待に相当します。
　身体的虐待はアザが残るなど，目につくのでわかりやすいのですが，他の虐待は保育でしっかり観察していないと気づかれません。特に，性的虐待は気づかれません。
　「病気になっても病院に受診させない」「乳幼児を暑い日差しの当たる車内に放置する」「食事を与えない」「下着など衣類が不潔なまま放置する」「（幼稚園，保育園，保育所，学校へ）通学させない」は，立派なネグレクトです。

0歳児保育は虐待を見つける好機

　たとえば，人見知りの時期が全くない子どもをみたら，おかしいと思うべきです。父や母の後追いをしない子どもをみたら，おかしいと思わねばなりません。
　エインズワースによる愛着形成の類型でも，不安定な愛着形成の一型として，母親に対しても，見知らぬ女性に対しても同じ行動をする子どものことが記載されています。このような行動は，適切な愛着形成ができていない子どもでみられます。

○ すぐに実行！	× これはNG！
遠城寺式発達検査表の社会性（基本的習慣，対人関係）から虐待をみつけよう。	虐待と思えることを"よくあること"と放置する。

　遠城寺式発達検査表でも，生後11か月で90％の子どもが「人見知りをする」と記載がなされています。「人見知りをしないいい子」は，人見知りをした後にできあがります。

　乳児の愛着形成は，子どもの精神発達に多大な影響を与えます。不安定な愛着形成とは，人を信用できない子どもです。他人のいうことを信用しないのでしつけることができません（図8-1，右側）。日常の保育の中で，そのような子どもを早く見つけて，人を信用するのを教えることは一番大切です（図8-1，赤の矢印）。この時期に見つけて対応をはじめれば，3～4歳には子どもの行動は，大分改善されます。

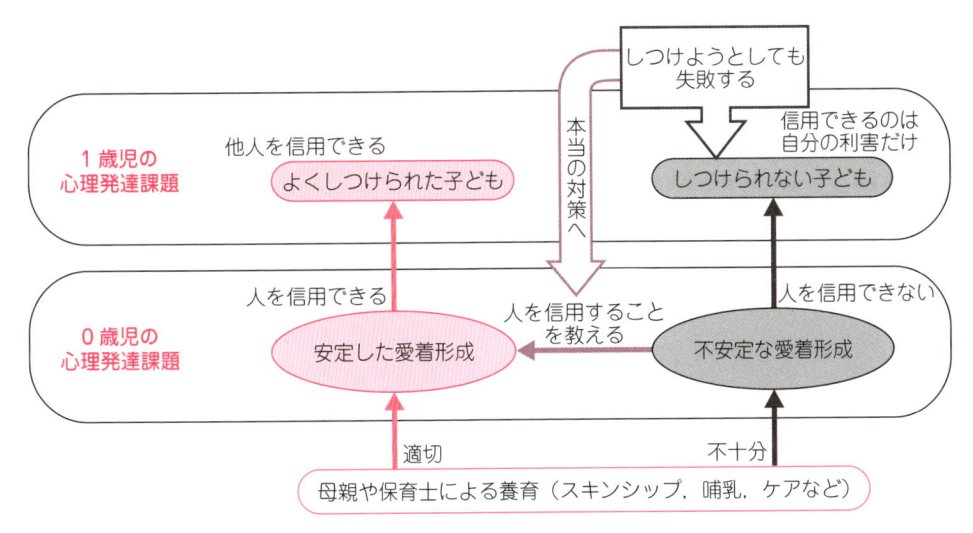

〈詳しくは，「新版 軽度発達障害の臨床」（診断と治療社，2011）p.48～57を参照〉

図8-1　虐待による行動異常と対策

　よくある失敗は，背景に愛着形成の問題（＝心理的虐待）があることを見抜けずに，しつけが悪い子どもとして，必死でしつけようとすることです。0歳児の心理発達課題である「人を信用すること」を子どもは学習できていないので，1歳児の心理発達課題である「しつけ」を学習できないのです。この状況で周囲が必死でしつけようとすると，子どもは信用できるのは自分だけであることをさらに学習していってしまい，新たな行動障害につながります。筆者の立場からみると，新たな心理的虐待の追加にみえます。

LESSON 9

0歳児保育のポイント6

0歳児の母親支援にあたって

> **POINT**
> お母さんに子育ての楽しさを教えよう。
> 育児指導では，母親を責めることは避け，好ましいやり方を"してみせる"ことが大切。

　CASE 3 (p.14) や CASE 4 (p.16) で示した行動異常を見せた乳児の母親支援を考えるときに，母親の母性形成が不十分であることを認識しておくことは何より大切です。いろいろな心理学者が提示しているように，母性は本能ではなく，母子の相互作用によって形成されていきます。よって，子どもが行動異常を呈して対人関係の問題を抱えている場合，その母親の母性形成にも何らかの問題が生じています。

　CASE 3 (p.14) の母親の場合は，子どもとのスキンシップより自分の化粧のほうが大切だという行動をとっていたわけですが，その背景には，不適切な哺乳行動がありました。タオルの台に哺乳瓶をおいての哺乳は，多忙な生活で時間を作る方法であったかもしれませんが，そもそも食事がこの母親にとって楽しみの時間でなかった可能性が高いのです。

　CASE 4 (p.16) の母親の場合は，正しい抱き方を教えてもらう機会に恵まれなかった結果として，子どもとの楽しみの時間を奪われてしまったことが問題であるといえます。

　いずれにせよ，母親は子育ての楽しみより苦しみを多く感じていたことは間違いがありません。このような母親に，「あなたの子育てはよくない」という指導からスタートしても，子育ての苦しみを学習させることにしかならず，逆効果です。このような場合に大切なのは，子育ての楽しみを教えることであって，"子どもにも「優しく」"，"母親にも「易しい」"方法を教えてあげることからスタートしたほうがよいということです。

理想的な好ましい方法をしてみせよう

　保育士の立場であれば，好ましい方法を"してみせる"ことが最も大切です。CASE 3 (p.14) の事例で，母親に注意したのは，筆者の失敗といえるでしょう。母親の前で赤ちゃんへのスキンシップをしてみせることを，保育士に指示すればよかったのだと今になってわかります。当然ながら，子どもは母親より保育士になつきます。このときに，母親にスキンシップのことを教えれば，母親は素直に従ったことでしょう。

　小児科医や保健師，子育て支援センターの職員であれば，育児指導の形で行うことができるでしょう。この場合も，"してみせる"ことが大切です。そして，この場合も母親を責めても意味がないことを知っておく必要があります。

⭕ すぐに実行！	❌ これはNG！
母親に好ましいことをしてみせよう。	母親を指導の中でいってきかせようとしてしまう。

　虐待は連鎖するといいますが，実際に連鎖するのは，30％程度だとされています。残りの70％は何らかの形で，虐待に対する"反面教師"という形で学びなおしています。誰かが望ましい人間関係のあり方を教えてくれているわけです。この意味で支援者が子どもを先に育てあげるのは，虐待の連鎖への適切な介入といえます。

COLUMN　失敗学のすすめ

　失敗学は畑村洋太郎氏，立花　隆氏によって提唱されています。起こってしまった失敗に対して，単なる責任追及ではなく，直接的な原因と背景にある根本的な原因を究明する立場といえます。失敗に学んで，原因を究明し，同じ間違いを繰り返さないようにするにはどうすればいいかを考えます（失敗防止）。さらに，得られた知識を社会に広めて，似たような失敗を起こさないようにします（知識配布）。

　失敗学の考え方では，CASE 3（p.14）とCASE 4（p.16）の子どもの行動異常は，直接的には母親の赤ちゃん対応の問題ですが，背景には，好ましい子育ての仕方を教えてくれる人が周囲にいないことが理由になっていると思われます。赤ちゃんの抱き方や哺乳の仕方を体験しないまま大人になってしまうのは，きょうだいが少ない現代ではやむを得ないことかもしれません。この意味では，好ましい子育ての仕方を，どのように効率的に母親に伝えるかを考える必要があるといえます。保育士，子育て支援センター，保健師，小児科医や産科医がどのように母親に伝えていくのがよいかを検討していくことが大切だと思います。

　リスクマネジメントでよく知られている"ハインリッヒの法則"（図9-1）があります。1つの重大な事故の影には，29の軽微な事故があり，300の未然事故（ヒヤリ・ハット）があるという法則です。そして重大な事故を減らすためには，軽微な事故や未然事故を減らせばよいというのが，大切な対策となっています。子ども虐待でも同じことがいえます。重大な虐待を少なくするには，虐待予備軍を減らすことが何より重要です。

　この意味で，望ましい子育てをしている人たちをいかに増やすかが，母親に対する対策のうえで大切だといえます。好ましい子育てをしている人に，好ましくない子育てがどんなことをまねいてしまうのかを伝えることは大変重要です。しかしながら，好ましくない子育てをしている人に，何が起こるかを伝えても，あまり心に響かないことに留意しておきましょう。

図9-1　虐待のピラミッド

- 1つの重大な虐待
- 29の軽度な虐待
- 300の虐待予備軍
- 望ましい子育て

LESSON 10 生活習慣を身につけさせよう

1歳児保育のポイント1

> **POINT** 1歳は一生にわたる生活習慣の基本が身につく最も大事な時期である。プロの保育で生活習慣の基本を身につけさせてあげましょう。

遠城寺式発達検査表から1歳台のチェックポイントを読みとってみましょう。

表 10-1 遠城寺式発達検査表（1歳台）

❶運動の伸びが著しい

❷同年齢の子どもに興味が出る、言葉を使った簡単な意思疎通ができる

年齢	移動運動	手の運動	基本的習慣	対人関係	発語	言語理解
2:0	ボールを前にける	積木を横に二つ以上ならべる	排尿を予告する	親から離れて遊ぶ	二語文を話す（「わんわんきた」など）できる(4/6)	「もうひとつ」「もうすこし」がわかる
1:9	ひとりで一段ごとに足をそろえながら階段をあがる	鉛筆でぐるぐるまるをかく	ストローで飲む	友達と手をつなぐ	絵本を見て三つのものの名前を言う	目, 口, 耳, 手, 足, 腹を指示する(4/6)
1:6	走る	コップからコップへ水をうつす	パンツをはかせるとき両足をひろげる	困難なことに出会うと助けを求める	絵本を見て一つのものの名前を言う	絵本を読んでもらいたがる
1:4	靴をはいて歩く	積木を二つ重ねる	自分の口もとをひとりでふこうとする	簡単な手伝いをする	3語言える	簡単な命令を実行する（「新聞をもっていらっしゃい」など）
1:2	2～3歩あるく	コップの中の小粒をとり出そうとする	お菓子のつつみ紙をとって食べる	ほめられると同じ動作をくり返す	2語言える	要求を理解する(3/3)（おいで, ちょうだい, ねんね）
1:0	座った位置から立ちあがる	なぐり書きをする	さじで食べようとする	父や母の後追いをする	ことばを1～2語, 正しくまねる	要求を理解する(1/3)（おいで, ちょうだい, ねんね）

| 運動 | 社会性 | 言語 |

表10-1をみてわかるように，❶1歳児では運動面では"手の運動"の伸びが著しいことがわかります。また，❷"基本的習慣"でも，身の回りのことが自分でできるようになり，対人関係も大人を中心としたやりとりから同年齢の子どもたちに興味がでてきます。言葉を使った簡単な意思疎通も可能となり，具体物との対応もはっきりしてきます。

すなわち，「動物から人間へ」移り変わるときであり，模倣をしながら生活習慣を身につける大事なときといえます。

保育士なら誰もがわかることでしょう。1歳のお誕生日の頃には，何から何までしてあげる必要があるけれど，2歳のお誕生日の頃には，かなりの部分で子どもが自分で行動できるようになります。そして，この時期に"模倣"を覚えます。真似をしながら，生活様式を身につける時期なのです。素人の子守りとプロの保育の差がはっきりしてくる時期でもありま

⭕ すぐに実行！	❌ これはNG！
生活の習慣に気を配ろう。	まだ1歳だからをいいわけにする。赤ちゃん扱いする。

す。素人の子守りは"安全に時間を過ごさせること"がやっとでしょう。プロの保育は違います。子どもに"生活の仕組み"を教えます。

生活習慣を身につける

「三つ子の魂百まで」といいます。小さいときに身につけたことは，そのまま続くことをいっています。この三つ子とは，3歳の子どもですが，古くからの言い伝えですから，数え年になります。すなわち満年齢なら2歳です。筆者の考えでは，ここで身につけてほしいことは"生活習慣"です。決して何らかの知識や英才教育をしてほしいということではなく，単なる生活習慣です。

「1歳児が生活習慣を身につけられるのか？」という疑問を，保護者や保育士の方々からよく聞きますが，この時期こそ，生活習慣を身につけるのに大切な時期なのです。同じことは保護者にもいえます。この時期こそ，保護者としての立ち位置を覚えるべき時期なのです。

LESSON 38にある「小学校に入るまでにできてほしいこと」(p.95)のプリントは，小学校の校長先生と特別支援コーディネーターの先生とで作成したものですが，これらのうちほとんどが，1歳児から教え込めることばかりです。もちろん1歳児の子どもが内容を理解して行えるわけではありませんが，形のうえでの習慣化は可能です。

「小学校に入るまでにできてほしいこと」

1. 早寝・早起き・朝ごはん
(→ LESSON 11「早寝早起きを身につけさせよう」)

2. しつけの3原則
(→ LESSON 12「しつけの3原則を教えよう」)

3. お手伝い
(→ LESSON 13「絵本の読み聞かせとお手伝い」)

4. メディアとのつきあい方
(→ LESSON 14「メディアの問題を考えて，保護者に正しい知識を啓蒙しよう」)

LESSON 11 早寝早起きを身につけさせよう

1歳児保育のポイント2

> **POINT** 明るい時間にたっぷり遊んで，夜はぐっすり眠れるようにしよう。早寝早起きは行動異常や発達の遅れを防ぐポイントである。

　1歳児での一番のポイントは，早寝・早起き・朝ごはんです。早寝・早起きとして1歳児なら「午後8時には寝ている。起こさなくても午前6時には起きてくる」が目標です。これは最初から無理だとおっしゃる方もいます。しかし，目標として努力してほしいと思います。どんなに遅くとも午後9時には寝かせてほしいと思います。

　早寝早起きができない子どもは，行動異常が増えたり，発達が遅れたりする*ことが知られています。寝不足で機嫌が悪い状態で登園すれば，やる気がなかったり不機嫌であったりして，必要なことを学習できないのは当然であるように思います。この時期でなければ，生活習慣が身につきません。

"早寝・早起き・朝ごはん"のためにできること

　保育園もこのために努力しなければなりません。子どもによっては眠りが浅い，一回寝てしまうとなかなか眠れないという子どもがいるからです。一般に，起きてから6時間程度は眠りにつけないようです。もちろん，いつでも眠りにつける子どももいますが。

　いろいろな子どもがいる保育園のお昼寝は，できれば午後2時半までに終わりにしましょう。どんなに遅くとも午後3時前です。それ以降もお昼寝をさせている保育園はだめです。なぜなら，早寝ができない子どもが増えてしまうからです。

　合併前の古川市の公立保育園では，筆者が保育指導をして15年近くになりますが，これらの保育園では，筆者が保育指導をする前からそのようになっていました。原則として，お昼寝から子どもを起こしはじめるのは午後2時過ぎです。2時半にはすべての子どもがお昼寝から起きます。

　そのためには，お昼ごはんを早くスタートしなければなりません。お昼の準備は11時20分ぐらいからはじまります。11時40分ごろには"いただきます"をしています。そして，12時半にはもう寝に入ります。

---

*詳しくは「早起きサイト：子どもの早起きをすすめる会(http:www.hayaoki.jp)を参照。

○ すぐに実行！	× これはNG！
早寝早起きを家庭といっしょに取り組もう。	おそくまでお昼寝をさせてしまう。

家庭でよい睡眠をとるコツ

　もう一つ大切なことがあります。それは，保育園に来ない休みの日であっても早寝早起きを保護者に推奨することです。

　誰でも，連休前に夜更かしをして生活のリズムが崩れ，連休明けの直前に早寝しようとしても眠れずに，眠い目をこすりこすり，学校に行った経験があると思います。このように人間の生活リズムは遅いほうには，容易にずれます。

　「週明けの月曜日に行動が乱れる」「長期休みの後に行動が乱れる」のは，間違いなく家庭での週末や休みの過ごし方に，問題があります。たとえば，TV・DVD・ゲーム三昧で夜更かしをしてしまい，週末で疲れ果ててしまう。早起きをしない，早起きをしても，朝ごはんを食べさせてもらえていない（＝ネグレクト）などがあげられます。

　一方，保護者が努力しても，子どもが早寝・早起きができない場合には，睡眠障害の可能性も考えておきましょう。生後半年ぐらいまでは，昼と夜のリズムがきちんとできていないので，夜中でも起きてしまいます。いわゆる"夜泣き"です。

　すぐに行える対策としては，昼の活動性を高めることと夜の活動性を下げることです。表11-1に具体的にあげます。

表11-1　夜は早寝でバタンキュー

・昼にたっぷり遊ばせること，光に当てること
・夜寝る前に十分に哺乳させること
・TVや携帯，DVDなどを含めて，スクリーンの光刺激を与えないこと
・お風呂は寝る直前よりも，早く入れること

　これらの対策を数か月してもだめなようなら，睡眠・覚醒記録表（→ p.129）をつけて，専門医を受診することを考えましょう。

朝ごはんについて，保護者に聞いてみよう

　朝ごはんを食べてこない子どもがいるかもしれません。子ども虐待だと認識しましょう。また，朝の遅刻が多い子どもを気をつけて観察しましょう。このような場合は，保護者に朝ごはんで子どもに何を食べさせているのか聞いてみましょう。

　簡単な朝ごはんの作り方を教えることが大切かもしれません。ずっとレトルトの離乳食を食べさせられていた子どもを筆者は経験しています。

LESSON 12 しつけの3原則を教えよう

1歳児保育のポイント3

> **POINT** 保育士・幼稚園教諭やお母さんも，きちんとしたあいさつをするように心がけよう。周囲の大人がよい行動をとることで，子どもにもそれが伝わる。

しつけの3原則を1歳児保育から「いわれなくてもできる」まで，教え続けましょう。

1. **へんじ**
   - よい返事は「はいっ」
   - 相手の目を見て
2. **あいさつ**
   - おはよう，こんにちは，さようなら
   - ありがとう，ごめんなさいも含む
3. **靴をそろえてぬぐ**
   - 整理整頓の第一歩
   - 学校では「いすを机にいれる」も加える

　この3つができると，他のことは教えなくてもしつけられるといわれています。いわゆる経験則です。子どもにしつけの3原則を教えるためには，保育士や幼稚園教諭のみなさんがしつけの3原則を守れることが大切です。先生方ができていなければ，子どもたちには絶対うまく身につきません。なぜなら，1歳児ぐらいの子どもたちは，なんでも先生方の真似をするからです。よって，保育士や幼稚園教諭のみなさんができていなければ，そこでアウトです。

　実際，筆者は小中学校や幼稚園・保育園を訪問したときには，必ず職員の下駄箱を調べます。ここで問題があるようなら，要注意の施設であろうと気をつけています。

しつけの3原則は，どれくらい大切？

　実際にどの程度大切なのかを検討しようと思い，東北大学病院小児科に在籍中に手伝いをしていた救急病院で，チェックをしてみました。救急病院に来て，保護者がきちんとあいさつができるかどうかと，就学前の子どもで診察中の様子を調べてみたのです（表12-1）。

○ すぐに実行！	× これはNG！
しつけの3原則を自分が守ろう。	子どもにいってきかせるばかりで，自分がしない。

表12-1 保護者のあいさつと診察中の子ども

保護者の行動 ＼ 子どもの行動	泣かない 泣いても 診察中だけ	あやさずとも 泣きやむ	泣きやまない
「おはよう」「こんにちは」などあいさつにはじまる。	11	8	1
「お願いします」とはいうが，あいさつはない。	1	4	7
あいさつも「お願いします」もない。	1	6	11

(χ^2検定にて，p＝0.0004)

　保護者のあいさつと1歳から就学前の子どもの様子とを3通りに分けました。診察中に子どもが泣いてしまうのは，喉を診るときです。「泣かない。泣いても診察中」とは，のどを診ているときは泣くけれども，舌圧子（舌を押える棒）を引っ込めれば，すぐ泣きやむ子どもです。「あやさずとも泣きやむ」とは，診察中に自分から泣きやめる子どもです。「泣きやまない」とは，診察室を出るまで泣いているか，ごほうび（食べ物など）をもらうまで泣いている子どもです。

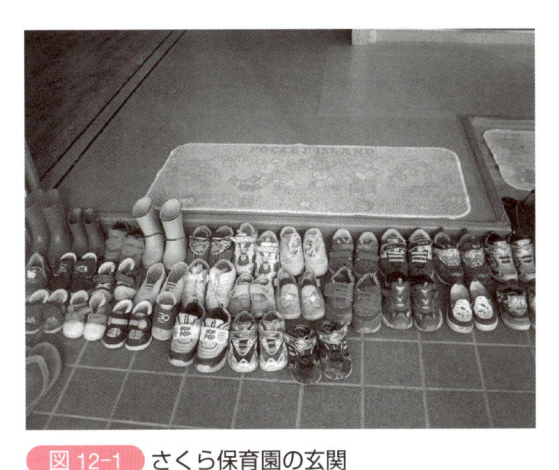

図12-1 さくら保育園の玄関
小さい靴に注目。1歳児クラスの子どもでも，靴を並べて脱いでいる。

　統計学的に明らかな差が出ました。保護者が「あいさつ」ができる場合，子どもの行動は診察に対して協力的でよくしつけられた行動がとれます。保護者の行動のよし悪しが，子どもの行動に出ているといえるのです。わずか50例弱のデータにもかかわらず，有意差が0.0004というのは，極めて大きな差だといえます。

　筆者の経験では，1歳半で靴をそろえて脱ぐことができます。早い子は1歳3か月でできます。2歳でできないのは何か問題を抱えている子です。たとえば，早寝・早起き・朝ごはんをきちんと家庭でやってもらえていない子ども。また，両親が不仲であるなどで家庭内が不安定であったり，あるいは発達障害があったりなど，何か問題を抱えている子どもです。

　しつけの3原則は，1歳半でできることだと今一度ここで確認してください。

LESSON 12　しつけの3原則を教えよう

LESSON 13 絵本の読み聞かせとお手伝い

1歳児保育のポイント4

> **POINT** 絵本の読み聞かせで道徳心と常識を，お手伝いをすることで筋道を立てて考える力を身につけさせよう。

「お手伝いは何歳からできますか？」と聞くと，ほとんどの方が3歳とか5歳と答えます。中には小学生だと答える方もいます。遠城寺式発達検査表（→表12-1〈p.29〉）によれば，つまり簡単なお手伝いは1歳4か月で90％の子どもが**できるはず**です。ここでいうお手伝いとは，何かをもっていらっしゃいとか，ゴミを捨ててちょうだいといった，いわれたことをそのまますれば終わりというお手伝いです。

お手伝いは本当に大切なこと

できるはずと書いたのは，"させてもらえなければ"できないからです。近年，このような「経験させてもらえていない子ども」が増えているようです。これは，大変困ったことだと思っています。

子どもの頃のお手伝いの経験は，子どもの将来にとって不可欠といってもいいでしょう。ここで大切なのは，**お手伝いの目標は"自発的に"できるようになること**です。お手伝いが自発的にできない子どもは，小学校高学年以降の学力が苦しくなります。このようにいうと，多くの方が驚くのですが，疑いようがない事実です。実際，筆者は学習障害があっても学習不振にならない子どもを，お手伝いを課題にするまでは，なかなか経験できませんでした。

小学校4年生以降では，"筋道を立てて読み書きすること"が国語学習の大きな課題になります。**お手伝いを自発的にできる子どもは，いま自分が動いたほうがよいと判断できる**のです。すなわち，**段取りがわかっている**のです。逆に自発的にお手伝いができない子どもは段取りがわからないといっていいわけです。

段取りがわからない子どもが，"筋道を立てて読み書きすること"ができるかと問えば，ほとんどの方が「できないだろう」と答えてくれます。逆にいえば，お手伝いを自発的にできることが段取りがわかる早道であり，"筋道を立てて読み書きすること"への早道です。

TVやDVDは不要。絵本の読み聞かせをしよう

家庭での絵本の読み聞かせも，してもらえない子どもが増えています。A市の保育園児の調査によると，保育園が配布した絵本以外の絵本がない家庭が，1/3を占めていたそうで

> **すぐに実行！♪**
> 1歳児クラスでは，絵本の読み聞かせを楽しい習慣のひとつにする。

> **すぐに実行！♪**
> 2歳児クラス以降は将来の礎を作る大切なことと捉えて，読む本をきちんと考えて選ぶ。

す。このような家庭では，保護者の代わりに，TVやDVDが相手をしているわけです。TVやDVDなどのメディアが1歳児に与える悪影響については，**LESSON 14**(p.32)で述べます。ましてや，保育園や幼稚園であれば，TVは不要といっても過言ではありません。

　このようなことを保護者にいうと「子どもが絵本の読み聞かせを喜ばない」とよくいわれます。喜ばれない理由のほとんどは，子どもにふさわしい絵本を選んでいないことがよくあります。また，そのような習慣がないことも理由にあげられます。たいていの場合，保護者に読んでもらう絵本を喜ばない子どもの家庭では，TVが常についているようです。

　また，絵本の読み聞かせを喜ばない理由の一つに，**LESSON 8**(p.20)に示した不安定な愛着形成の問題が隠れていることもあります。保育をしていくうえで，気をつけておきたいポイントといっても過言ではありません。

　遠城寺式発達検査表が示すように，「絵本を読んでもらいたがる」のは，1歳6か月で，90％の子どもがクリアしています。このことをよく理解して，保育実践に生かしていただきたいと思います（図13-1）。また，言葉の発達に遅れがみられる場合は，絵本の読み聞かせとお手伝いの意義はさらに高まることも知っておいてください。

　1歳児クラスでは，絵本の読み聞かせは大切な習慣の一つになれば十分です。すなわち，単なる楽しみでよいと思います。しかし，2歳児クラス以降は将来の礎を作る作業です。読む本をきちんと考えてあげてください。絵本を通して，世の中のルールを教えてあげてください。

　学級通信などを通して，1日5分でいいから，絵本の読みきかせをするように呼びかけてください。理想的には1日15分（5分×3回など）を目指してください。

図13-1　絵本の読み聞かせ
子どもを後ろから抱きかかえて絵本の読み聞かせをすると，子どもが絵本に集中できる。保育園ではできないが，保護者に教えてあげてほしい。

LESSON 13　絵本の読み聞かせとお手伝い

LESSON 14　メディアの問題を考えて，保護者に正しい知識を啓蒙しよう

1歳児保育のポイント5

> **POINT** 保育園でメディアは不要。メディアによる悪影響をよく知ったうえで，親子はもちろん，保育士・幼稚園教諭も正しい利用方法を考えよう。

　日本小児科医会による「『子どもとメディア』の問題に対する提言（2004.2.6）」は次の通りです。

---

1. 2歳までのテレビ・ビデオ視聴は控えましょう。
2. 授乳中，食事中のテレビ・ビデオの視聴は止めましょう。
3. すべてのメディアへ接触する総時間を制限することが重要です。1日2時間までを目安と考えます。テレビゲームは1日30分までを目安と考えます。
4. 子ども部屋にはテレビ，ビデオ，パーソナルコンピュータを置かないようにしましょう。
5. 保護者と子どもでメディアを上手に利用するルールをつくりましょう。

　「2歳までのテレビ・ビデオ視聴は控えましょう」というのは，業界に対する遠慮があるのだと思います。「授乳中・食事中」ははっきり止めましょうと書いていますが，こちらは，**LESSON 5**(p.14)に示したように，愛着形成の問題が絡んでくるからです。

　ちなみに，「食事中」の問題があらわになるのは思春期です。思春期には子どもが二次反抗期を迎えます。何かと子どもが反抗をする時期です。時には，親子げんかも起こることでしょう。食事中にTVを消して，家族でよもやま話をする習慣がついている家庭では，食事の時間にいろいろ話をしている間に，親子げんかの仲直りが自然にできてしまいます。

メディアって必要？　不必要？

　保育園ではメディアは不要です。どんなTV番組よりも保育士のほうが子どもたちにとってよい教材です。ビデオ(DVD)も保育園，幼稚園では無用です。はっきりいいますが，教育ソフトでさえ害悪です。長期にわたる有用性が統計学的に確認されたものは，一つもありません。全くないのだというのをよくわかってください。

　メディアの悪影響は，保育園・幼稚園でははっきりします。なぜなら，乳幼児期の子どもたちにとってTVやビデオ(DVD)で見たことは現実そのものだからです。絵空事であるとい

○ すぐに実行！	✕ これはNG！
メディアの問題を家庭といっしょに勉強しよう。	保育園や幼稚園でもTVやビデオ(DVD)をみせてしまう。思っている以上に行動や言葉の発達に悪い影響がある。

う認識はあり得ません。だから，なんとかレンジャーを見ている子どもは，もめごとがあったら戦えばいいのだと本気で思っています。女の子たちも同じで，困ったことがあったら魔法に頼れたらいいと思っているのです。過去，筆者も全く同じでした。幼稚園の年長さんのときにマントをつけてパーマンになりきり，高いところから飛び降りて鎖骨を骨折しています。

　ちなみに，メディアに接する時間が1日2時間を越えると行動異常が有意に増えます。4時間を越えると必発という調査報告が多数みうけられます。

COLUMN　　　　言葉をうばうメディア

　言葉の発達が遅れている子どもに，TVやビデオ(DVD)を見せると，子どもの言葉の発達がいっそう遅れることを知っていますか？

　言葉はコミュニケーションの道具です。"双方向"のやりとりに使われます。これに対して，TVやビデオ(DVD)は"一方向性"でしかありません。子どもがいくら反応しても，TVやビデオ(DVD)は反応してくれません。言葉の発達が遅れている子どもに，TVやビデオ(DVD)を禁止して，絵本の読み聞かせやお手伝いをさせただけで，だいぶ言葉の発達がみられた例はたくさんあります。大切なコツはジェスチャーをたくさん教えることです。その理由は"教育のレディネス"です。詳しくは，「LESSON 3 遠城寺式発達検査表を使って子どもを指導しよう」(p.7)にある通りです。

　ちなみに，絵本の読み聞かせとお手伝いの組み合わせほど，言葉の発達を促す方法を筆者は知りません。絵本の読み聞かせは，絵を通じて内言語を育てます。そして，お手伝いによって，その内言語を実際に使う機会を与えてもらえるからだろうと推測しています。

　経験的にいって，言葉の発達が遅れている子どもがキャッチアップするのは，4歳6か月から5歳6か月ごろです。この時期に追いつけない子どもは，そのままの経過をたどることが多いようです。ちなみに，キャッチアップする子どもは，遠城寺式発達検査表で評価すると，言語(発語・言語理解)の遅れはあっても，社会性(基本的習慣・対人関係)の遅れはほとんどないのが特徴です。それに対して，言語と社会性の両方の遅れがある子どもはキャッチアップしないことが多いようです。

LESSON 15　ペアレントトレーニングことはじめ　——相手をした行動が子どもに残る

1歳児保育のポイント6

> **POINT** 保育士は，子どもの"こっち見て行動"を理解し，子どもにとって「相手をしてもらえること」が"ごほうび"になることを習得しよう。

　1歳児クラスでは，ペアレントトレーニング（以下，PT）の原則を使いこなすことが有用になってきます。PTでは，子どもの行動を表15-1のように3つに分けて対応します。

表15-1　ペアレントトレーニング（PT）の手法による子どもの行動と対応

子どもの行動	支援者の対応
増やしたい行動	ほめる，かかわる
減らしたい行動	相手をしない，行動が変わるのを待つ
絶対に許せない行動	すぐに止める，好ましい行動を指示する

　増やしたい行動に対して"ほめる，かかわる"のは，誰にでも頭ではわかります。しかし，うまくいっているので"指導が不要"と思って相手をしないことが多いようです。逆に，減らしたい行動に対しては，"指導が必要"と思って，いろいろかかわってしまいがちです。子どもにとっては，かかわってもらえること＝"ごほうび"です。うまくいっているので"指導が不要"と考え相手をしないでいると，"ごほうび"がありません。逆に，減らしたい行動に対して"指導が必要"と思って，いろいろかかわってしまうと，"ごほうび"をあげたことになっています。このようにPTの原則と逆のことをしてしまいがちで，それによって，子どもの行動が悪化することがあります。特に，自我の目覚めのころ（2～3歳児クラス）には，支援者が子どもを指導すると，周りの子どもも支援者にかかわってほしいばかりに，わざと指導が必要な子どもと同じ悪い行動をとったりします。筆者はこの行動を"こっちみて行動"とよんでいます。

1歳児クラスの"こっちみて行動"は保育の失敗？

　1歳児クラスにおける"こっちみて行動"は支援者の失敗です。子どもが悪いわけではありません。しかし，ほとんどの支援者は，子どもが悪いと考えているようです。
　"こっちみて行動"が多いクラスでは，増やしたい行動をしているいい子が相手をしてもらえていません。減らしたい行動をしている子どもばかりが支援者に相手をされています。ほ

⭕ すぐに実行！	❌ これはNG！
よい子どもほど得をする。先生に相手をしてもらえる。	こっちみて行動の相手をしてしまう。

かの子どもをたたいてしまう場合は，たたかれた相手を抱き上げて，慰めてあげることが大切です。もしも泣かずにがんばっているのなら，大いにほめてあげましょう。たたいた子どもは，相手をしてもらえません。

　順番を守らずに横入りをする子どもがいるなら，次の順番を待っていた子どもを先にさせてあげましょう。横入りをした子どもの相手をする必要はありません。何度も横入りをして邪魔になるようなら，抱き上げて順番の後ろに並ばせてあげましょう。そして，並ぶことを指示してあげましょう。

　誰かがけがをしてしまう行動があるときは絶対に許せない行動として，すぐに止めましょう。1歳児クラスなら抱き上げて，目でしかってください。

　1歳児クラスのうちに，このような対応をいっぱいしてあげましょう。

CASE 5　1歳3か月女児

　気に入らないことがあると大声をあげて騒ぎます。生後10か月ごろから大声をあげて騒ぐことがあり，当時は大声をあげて騒ぐときには，バナナを与えると静かになっていました。当初はバナナを与えればよかったのですが，だんだん他のものが欲しいときも大声をあげて騒ぐようになりました。そのため，母や祖父母がいろいろなものを見せて，欲しいものを見つけて与えていました。ところが，最近になって，何を要求しているのかわからなくなってしまい，周りも疲れてしまい，相談に来ました。

ペアレントトレーニング(PT)の原則はいつから使えるか

　治療的介入は，PTの原則*を家族に理解してもらい，子どもが泣くのは仕事のうちだと思ってもらいました。家族が子どもの要求がわかるようなら，そのときには反応してあげる，逆に何を要求しているのかわからないなら放置する，抱き上げてあやすのもやめましょうと話しました。その後は，およそ1週間の経過で，大きな声をあげることはなくなったとのことです。父母と祖父母が協力，対応したおかげで，本当にひどかったのは2日程度だったとのことでした。このように，PTの原則は育児相談にも利用できます。

---

*PTの原則は，おおむね生後10か月ぐらいから使用可能である。小児科医をはじめとした子育て支援にかかわる方々は，保護者からの相談があったときにも，PTをうまく使いこなせるように指導することが望ましいと考えている。

LESSON 16 1歳児クラスは保育園の礎（いしずえ）

1歳児保育のポイント 7

> **POINT** 1歳児クラスの子どもに教えることは，人として大切なことばかり。
> だから，1歳児クラスで保育に失敗すると，保育園全体をゆるがすことに発展する。

　LESSON 10「生活習慣を身につけさせよう」(p.24)に示したように，1歳児クラスで大切なことは生活習慣にかかわることばかりです。日本小児心身医学会の冨田和巳先生は「0歳児は母親に守られないと生きていけない。1歳児は父親にしつけられないと人間になれない」と述べています。1歳児クラスは，「人間になる」ための保育を行う時期です。

1日の活動がスムーズになるように工夫しよう

　生活リズムを整えるために，「粗大運動にはじまって，微細運動に至る」原則をきちんと守りましょう。たとえば図 16-1のようにします。

　子どもが登園しました。体を使った園庭での遊び（粗大運動）をさせます。その後では，手を使う遊び（微細運動）をさせます。その次は絵本の読み聞かせをします。そして，お昼ごはんを食べてお昼寝に移ります。

　運動として粗大運動からはじめて微細運動に移り，さらに静かな遊びに変わっていきます。この原則を守ることで，お昼寝がスムーズに進みます（図 16-1a）。

　帰るときも同じです（図 16-1b）。おやつを食べて，体を使った遊びがあり，手を使う遊びがあり，絵本の読み聞かせをして，帰宅して，食事して，就寝です。このようなリズムを考えて保育することが，1歳児クラスから大切です。

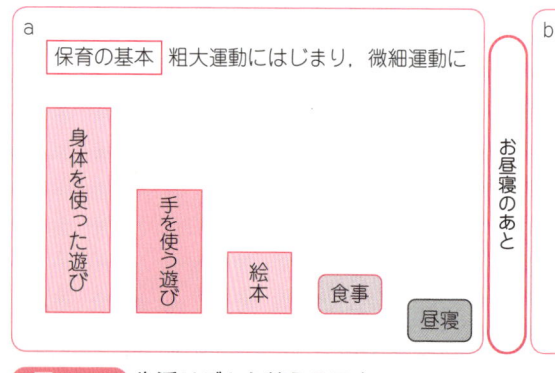

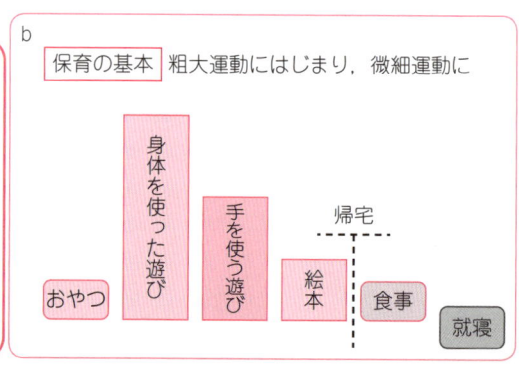

図 16-1 生活リズムを整える工夫

> **○ すぐに実行！**
> 生活リズムが整うように工夫しよう。1歳児クラスが"始まり"のときだと意識しよう。

> **× これはNG！**
> 1歳児だから仕方がないと，大目に見てしまう。

1歳児クラスで教えはじめたことを，自分でできるまで教え続けましょう

　頭でわかることと実際に行動できることは別です。自動車の運転がそのよい例でしょう。ハンドルを右に切れば，右に曲がることが知識として理解できることと，実際に，交差点で右折できる技能は全く別物です。技能として身につけるには，数多くの経験が必要です。そのための経験の開始が1歳児クラスです。

　たとえば，「ごめんなさい」ということばを1歳児のうちに使えるようになります。1歳児にとって「ごめんなさい」は叱られるのを終わりにする魔法の言葉です。だから，1歳児は「ごめんなさい」と言えても，すぐに同じことをしてしまいます。

　しかし，「ごめんなさい」を言える習慣づけはとても大切です。自我の目覚めがくる3歳ごろまでに身につけていると，友だち関係がスムーズになります。自我の目覚めがきて，自分と他人の違いが理解できるころに，「ごめんなさい」という習慣づけがなければ，自分の考えが他人の考えと異なって他人に迷惑をかけたときに，「ごめんなさい」の言葉が自然に出てきません。当然ながら，周りに嫌われることになるでしょう。これは自業自得なわけですが，「ごめんなさい」を言えない保護者に育てられた子どもが「ごめんなさい」を言えないのは保護者のせいで，子どもの性格の問題ではないのです。まさに，保育でカバーしてあげたいところだと筆者は思うのです。

よのなかのルールを教えはじめましょう

　絵本の読み聞かせで，イソップ物語や日本むかし話のような教訓がある童話を読んであげてほしいと思います。道徳的な常識をすりこむといってもいいでしょう。この作業の有無は保育園にいる間に成果がわかります。近年，イソップ物語を知らない子どもが増えています。毎日新聞社の調べによると，イソップ物語の認知度が下がったのは，2000年代に入ってからです。よい絵本を読み聞かせられていないと，4／5歳児クラスの子どもが言うことを聞かなくなります。陰ひなたの多い子どもになります。よのなかのルールがわからないからです。1歳児クラスから必要な作業で，成果が4／5歳児クラスのときに出るのです。

　上に示してきた内容は，1歳児クラスからはじまり，ずっと大切です。だからこそ1歳児クラスは保育園の将来を決めてしまう大切な時期だと，筆者は考えています。この時期の保育のよし悪しが保育園の「質」を決めてしまいます。同じように，幼稚園であれば，最年少のクラスの教育内容がその幼稚園の「質」を決めてしまいます。0歳児クラスでは「まだ，小さいから」といえても，1歳児クラスではそれはたわごとでしかありません。

LESSON 17 子ども集団を意識すること

2～5歳児クラスで必要なこと 1

> **POINT** 集団行動は保育園や幼稚園でしか学べない。2歳児以降はほかの子どもとのやり取りを学ぶ時期でもある。集団生活のルールをしっかり身につけさせよう。

　2歳児以降の保育で必要なことは，「子ども集団を意識すること」に尽きます。0歳児および1歳児保育では，子ども集団を意識せずに保育をしても，あまり大きな問題は起きません。どちらかというと，個別的な対応のほうが大切でした。

　ところが，2歳児保育になると，集団生活のルールを織りこむ必要が出てきます。2歳児では周りの子どもたちに興味が広がる時期なのです。遠城寺式発達検査表をみると，1歳9か月で「友だちと手をつなぐ」ことがでてきますし，2歳6か月では「友だちとけんかをすると言いつけにくる」ようになります。そして，3歳0か月では「ままごとで役を演じることができる」ようになるのです（表17-1）。このように，2歳児クラスでは，子どもが周りを意識するので，ひとりの子どもの相手をするときにも，他の子どものことも観察して対応する必要がでてくるのです。

表 17-1　遠城寺式発達検査表（2歳児）

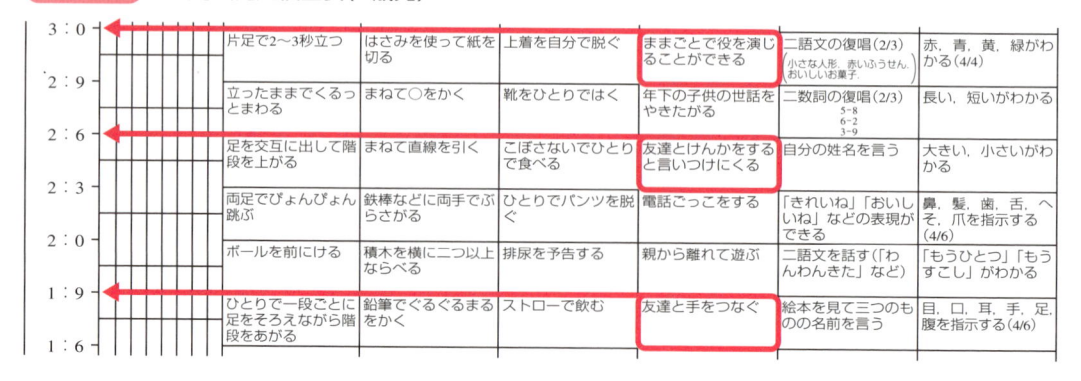

3:0	片足で2〜3秒立つ	はさみを使って紙を切る	上着を自分で脱ぐ	ままごとで役を演じることができる	二語文の復唱(2/3)（小さな人形，赤いふうせん，おいしいお菓子）	赤，青，黄，緑がわかる(4/4)
2:9	立ったままでくるっとまわる	まねて○をかく	靴をひとりではく	年下の子供の世話をやきたがる	二数詞の復唱(2/3) 5-8 6-2 3-9	長い，短いがわかる
2:6	足を交互に出して階段を上がる	まねて直線を引く	こぼさないでひとりで食べる	友達とけんかをすると言いつけにくる	自分の姓名を言う	大きい，小さいがわかる
2:3	両足でぴょんぴょん跳ぶ	鉄棒などに両手でぶらさがる	ひとりでパンツを脱ぐ	電話ごっこをする	「きれいね」「おいしいね」などの表現ができる	鼻，髪，歯，舌，へそ，爪を指示する(4/6)
2:0	ボールを前にける	積木を横に二つ以上ならべる	排尿を予告する	親から離れて遊ぶ	二語文を話す（「わんわんきた」など）	「もうひとつ」「もうすこし」がわかる
1:9	ひとりで一段ごとに足をそろえながら階段をあがる	鉛筆でぐるぐるまるをかく	ストローで飲む	友達と手をつなぐ	絵本を見て三つのものの名前を言う	目，口，耳，手，足，腹を指示する(4/6)
1:6						

　すなわち，集団を意識した保育ができないと，2歳児クラスの子どもたちは保育士のいうことを聞いてくれないわけです。ただし，2歳児クラスの子たちはまだ自我の目覚めが来ていないので，自分がやっていることがクラスでどんな意味をもつのかは全くわかっていません。子ども本人がわかっていないことを，保育士がわかっていなければ対応がうまくいきません。この点は3歳児保育とは大きく異なっています。

　また，1歳児クラスで大切なことのすべては，仕上げの時期にきています。逆にいうと，

> ○ **すぐに実行！**
> 集団を意識して保育を組み立てよう。

> × **これはNG！**
> 個別対応することで、やきもちをやかせることになる。

1歳児クラスで大切なことができていない子どもがいるとすれば、何か問題を抱えている子どもとして認識できます。もちろんどんな問題を抱えているのかはわかりません。発達障害かもしれません、環境上の問題かもしれません。環境上の問題といっても保護者による不適切な扱いかもしれませんし、単なる経験不足かもしれません。心理的な問題を抱えているのかもしれません。

2歳児保育は、不適切な保育・幼児教育の影響が大きい時期

もう一つ忘れてはいけない問題があります。それは「不適切な保育・幼児教育」です。保育・幼児教育がダメだと、いくら家庭がきちんとしていても、子どもの発達が阻害されます。なぜなら、2歳児クラス以降では、子どもはほかの子どもとのやりとりを学ぶ時期になるからです。悪い保育・幼児教育が子どもに与える影響が大きくなるのは集団行動を覚えるのが保育園や幼稚園しかないからです。家庭ではできません。

このように子ども集団を考慮する必要性を考えると、**0歳児保育でよいとされる保育が、2歳児クラス以降ではやってはいけないことに変わってしまうことがあります。**

たとえば、保育士や幼稚園教諭の視線の使い方が違ってしかるべきです。

2歳児クラスでの視線の使い方・頭のなで方

2歳児クラスになると、ひとりの子どもの相手をしているときに、周りの子どもの相手もしている必要があります。だから、よい子をほめるときの頭のなで方も変えなければなりません。0歳児クラスの子どもなら、子どもを見上げて頭をなでる（図17-1）のがよいやり方です。

しかし、2歳児クラス以降では、保育士が子どもの頭をなでると、周りの子が「いいなー、あの子ばっかり」となるのです。「先生、僕は？」。そうすると、先生の気を引きたくて他の子どもが"こっちみて行動"（→ **LESSON 15**〈p.34〉）をはじめたりします。

だから、2歳児クラス以降では、子どもの頭のなで方が違います。保育士は上から子どもに目を合わせます（図17-2a）。そして、そのまま子どもに近づき、自分の腕で子どもの視線をさえぎりつつ、頭をなでます（図17-2b）。頭をなでている間に、同じことをしてほめてもらいたがっているほかの子どもを見つけます。見つけたら、そちらも同じようにほめます。同じようにほめるために、指導者の動線を確保する（→ **LESSON 19**〈p.44〉）必要があります。すなわち、**保育士が動きやすいように、すべての物の配置を考慮しておかねばならない**のです。

保育士の動線を確保するのは最重要項目です。子どもたちが不慮の事故にあわないよう

LESSON 17　子ども集団を意識すること

図 17-1 0歳児の頭のなで方
子どもを見上げて頭をなでる。

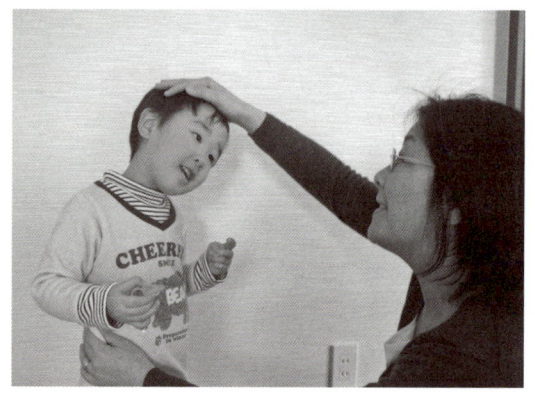

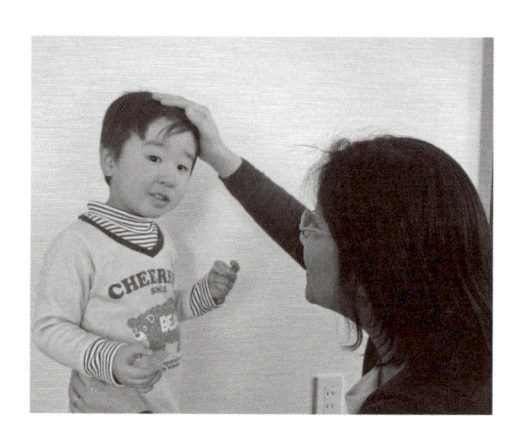

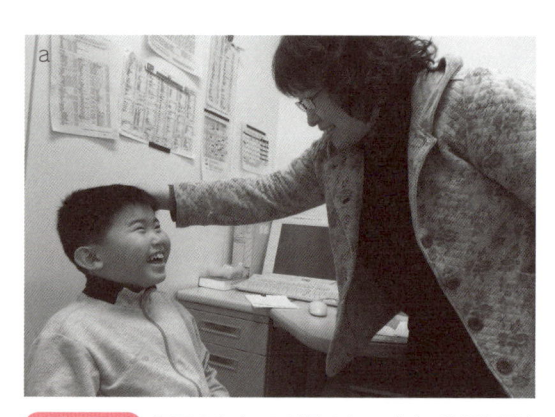

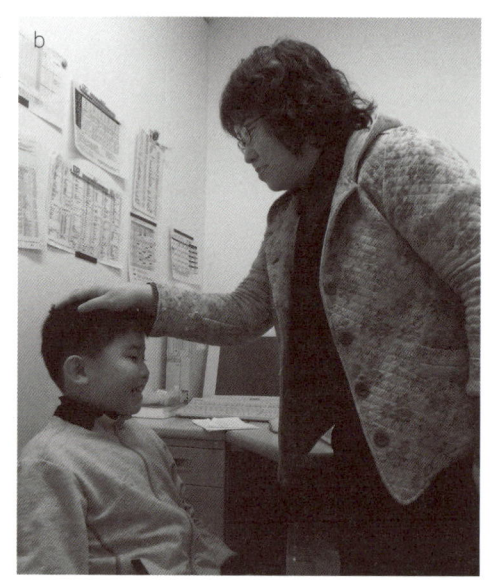

図 17-2 集団のなかでの頭のなで方（2歳児以降）
a：上から子どもに目を合わせる。
b：そのまま子どもに近づき，自分の腕で子どもの視線をさえぎりつつ，頭をなでる。

に，何かあったときにすぐに動けるようにしておきます。

　このように集団を意識した保育ということを考えはじめなければならないのが2歳です。1歳児クラスでも年度の後半になったら，少しずつ取り入れ，2歳児クラスでは最初から徹底したほうがよいと思います。

　発達障害や各種の問題がある子どもは，2歳児クラスになると，遠城寺式発達検査表でチェックすると，わかりはじめてきます。就学時に特別支援学級や特別支援学校が必要な子どもは，もうはっきり2歳児クラスでわかります。このように1歳児クラスまでは目立たなかった問題が，見えはじめるのが2歳児クラスの特徴です。

LESSON 2～5歳児クラスで必要なこと 2

18 指導者の立ち位置を確保しよう

> **POINT** 気が散りやすい幼児の興味を途切れさせないことが大事。読み聞かせなどの設定保育のときは、指導者の立ち位置（背景）や子どもの配置を十分に考慮する。

2歳児以降では、保育園なら設定保育、幼稚園では教育が行われます。指導者がクラス全員に対して教育します。このような時間の指導者の立ち位置を確定しておきましょう。このように書くと簡単なように思うかもしれませんが、意外によい場所がないのです。

子どもの目に入る、指導者の背景に注意しよう

みなさんもご存じのように、幼児は気が散りやすい性質があります。そのため、指導する先生方の後ろ（背景）は子どもにとって刺激がないようにしておく（図 18-1）必要があります。たとえば指導者の背景に窓があれば、人が通って子どもの興味がそれるかもしれません。背景に掲示物があるのも避けてください。遊ぶ物が入っている箱がおいてあるのは、論外です。

実際には、建物や部屋の制約によって、指導者の背景を子どもにとって刺激がないようにできない場合もあります。そのようなときには、カーテンで隠すなどの対策をとることも考えましょう。

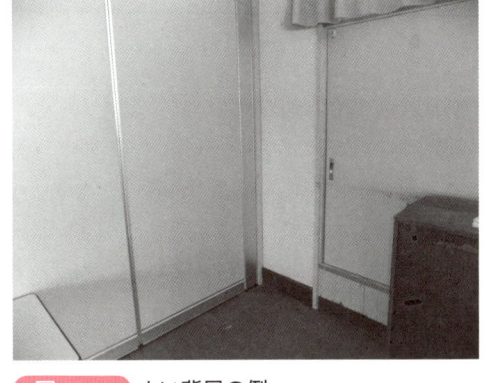

図 18-1　よい背景の例

背景が決まれば、子どもの配置を考える

指導者の背景から考えて、指導者の立ち位置の候補を決めたら、子どもの配置を考えましょう。たとえば、絵本の読み聞かせをするのであれば、子どもから絵本が見えやすいように配慮する必要があります（図 18-2）。

絵本の高さは子どもの視線の高さが上限です。私たちは自分の視線の高さよりも、少し低いところをみる癖がついています。絵本の読み聞かせのように、ある程度の時間をかけて同じところを見せたい場合には、子どもの視線の高さよりも少し低いほうが子どもの集中度合いは高いのです。しかしながら、子ども集団を相手にしているときに絵本の位置が低すぎる

○ すぐに実行！	× これはNG！
保育士の背景に，子どもの興味をひくものがないようにする。	保育士の背景に，子どもにとっておもしろいものがある。

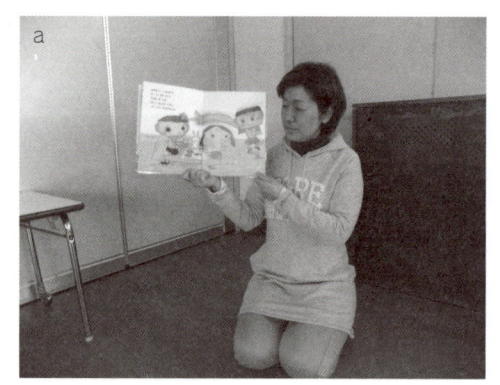

図18-2　よい背景(a)とわるい背景(b)での絵本の読みきかせ

と，後ろに並んだ子どもが見えなくなってしまいます。

　また，絵本はあまり大きくないので，指導者と子どもとの距離が長いと，子どもは，絵本の細部が見えなくなってしまいます。図18-3では子どもを3列に並ばせています。指導者（△）は，子ども同士の間から，後ろの列の子どもが見えるように，子どもを配置しています。飽きた子どもが，クラス外に逃げることを想定して，矢印に示すように，指導者の動線を大きく確保しています。指導者はも

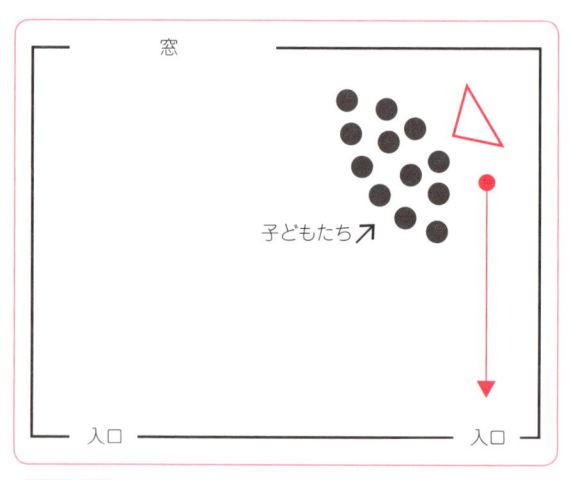

図18-3　絵本の読み聞かせと指導者の立ち位置

う一つの入口も見やすいように，自分の向きをわずかに曲げているのもわかるかと思います。

自分と子どもの配置が決まったら，すべての子どもと目を合わせよう

　さて，このように気をつけて，自分と子どもの配置を考えた後には，目を合わせる練習をしましょう。すべての子どもと目と目で会話をするのに何秒かかりますか。図18-3では，12人の子どもですので，3秒程度で終了することが目標です。

　絵本の読み聞かせをしながら，指導者が子どもの行動を確実に確認するには，このぐらいの時間で誰が何をしているのかを把握できなければ，不慮の事故に対応できません。よくある失敗は，指導者が絵本の文字を読み取ることに集中していて，子どもたちと目と目で会話できていないことがあげられます。保育士あるいは幼稚園教諭としてのキャリアが浅い方

は，子どものほうをみても，常に同じ方向を向いていることがあります。まんべんなく視線を向けるように意識してみましょう。

　まんべんなく視線を向けるように意識しても，きちんとみられるようになっているかは別です。子どもが何をしているのか把握できるようになるのには，時間がかかることでしょう。ある熱心な保育士は，意識しなくても，すべての子どもと目と目を合わせられるようになるのに，はじめて筆者の話を聞いてから3年ぐらいかかったと教えてくれました。

　指導中に子どもと双方向のやりとりができることは，設定保育や授業の最も重要な基本といってもいいでしょう。絵本の読み聞かせをしていて，子どもがわからない，みたことがないものがあれば，説明を加えることができることでしょう。子どもがわからないのをそのままにしていれば，絵本の読み聞かせに集中しなくなってしまうことでしょう。

　指導者の背景に子どもの興味をひくものがあると，よい指導者は子どもの注意がそれていることに気がつくのです。だから，よい保育士や幼稚園教諭は環境整備に力を注ぐのです。

　年齢が小さな子どもの場合は複数の指導者が一つの部屋（教室）にいる場合が多いと思います。このような場合は，誰かが確実にカバーできるようになっていれば，それでかまいません。

　たとえば，図18-4の場合，2歳児クラスであればもうひとりの指導者が配置されていることでしょう。その指導者は，子どもが脱走しないように，左側の入口付近から△1の位置で見守ることになるでしょう。子どもたちの誰かが立ち歩きをすれば，指導者は△2の位置に移動することができます。

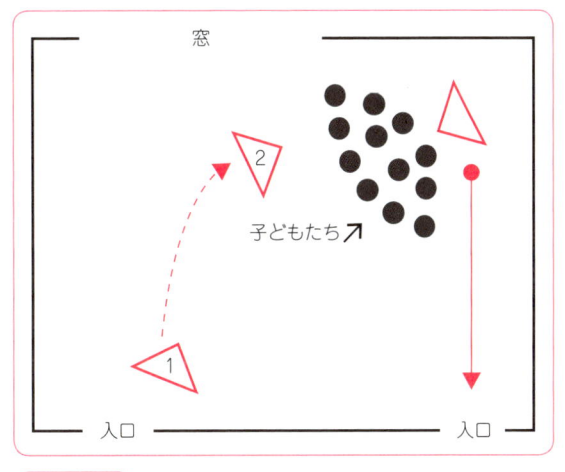

図18-4 サブの指導者と立ち位置

　このような配慮が，「複数の担任で子どもを教育する基本となる立ち位置」です。また，矢印で示すように，右側の入口には，設定保育・教育をおもに行っている指導者がすぐに動けるように配慮してあります。これも大切な配慮になります。

　　　　　　＊　　　　　　＊　　　　　　＊

　「こんなことをしなくても，私はだいじょうぶ」そんな声が聞こえてきそうです。そういう方はほぼ間違いなく悪い保育・幼児教育をしています。子どもの反応を全員確実に確認できていないので，自分の間違いに気がついていないことがほとんどです（→LESSON 22）。こういう意識の低い保育士・幼稚園教諭は，発達障害や心理的な課題をかかえている子どもが自分に従わないと，自分の実践が悪いのではなくて，子どもや病気，あるいは家族のしつけのせいにしていることでしょう。

LESSON 18　指導者の立ち位置を確保しよう　43

LESSON 19 指導者の動線を確保しよう

2～5歳児クラスで必要なこと3

> **POINT** 不慮の事故防止のため，指導者の動線の確保は最重要課題である。見た目や使い勝手を犠牲にしても，指導者の動きやすい物の配置を考える。

2歳児以降では，指導者の誰かがとっさのときにすぐにすべての子どもにかかわれるように，動線（指導者が動けるスペース）を確保するのは，保育・幼児教育の基本です。

動線の確保は子どもがいるすべての時間で必要

子どもたちが園庭で遊んでいる間も，設定保育や教育の時間も，そしてお弁当を食べているときも，おやつの時間も，自由遊びの時間も必要です。理由は不慮の事故の防止のためです。そのためには，余計な物を置かないことも大切になってきます。

また，子どもの手が届かないところに物を置くといった対策も必要です。どこかに物を置くと，置いたことが指導者の立ち位置（→ LESSON 18〈p.41〉）を制限することもあります。その場合には，必ず置いた物を隠したり，しまったりする工夫をしましょう。

どこかの部屋にまとめて置いておくなら，必ず鍵をかけて子どもが入れないようにしておきましょう。動線の確保をきちんとしておけば，不慮の事故はかなり防げます。

また，動線の確保は子どもたちのけんか対策でもあります。保育園・幼稚園・こども園では，子どもたち同士のもめごとがあった場合，当事者間に大人が身体を入れるだけで，ほとんど止めることができます。

動線の確保は最優先課題

動線の確保のためなら，見た目のよさを犠牲にしてください。最優先すべきは，動線の確保です。実例を示します。

[動線を確保する前]

食事やおやつの時間には，机を出して並べる必要があります。お昼ごはんから昼寝の時間に移行する，あるいは昼寝の時間からおやつの時間に移行するために，部屋の半分のスペースには，ふとんを準備したり，片付けたりするためにとっておく必要があります。昼寝のための作業に，ひとりの指導者がかかりきりになります。

もうひとりの指導者は，ごはんやおやつの配膳を子どもたちとすることになります。残り

○ すぐに実行！

いつでもすべての子どもにすぐに保育士がかかわれる。

× これは NG！

机やいすなど子どもにかかわるのにじゃまなものがある。

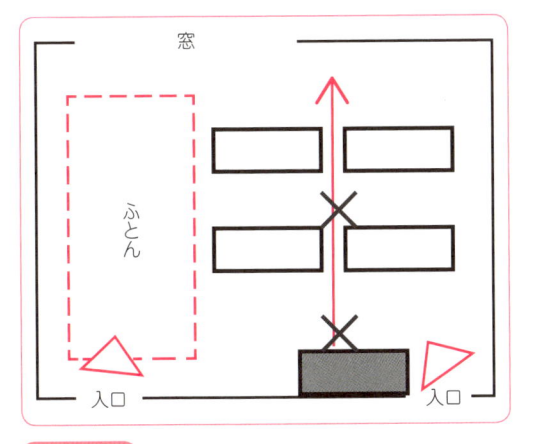

図 19-1 動線確保前の配置図

図 19-2 動線確保後の配置図

のスペースの割に折りたたみのテーブルが大きいために，横に並べたり（図 19-1）縦に並べたりすると，指導者の動線が確保できません。

このために，この時間帯によく子ども同士のトラブルが多く発生し，個別的な指導が必要になり，大変時間がかかっていました。時には，指導者による作業を一時中断せざるを得ない状況によく陥っていました。

[動線を確保した後]

子どもたちが使う机（☐）を図 19-2 に示すように，縦横互い違いに配置して，指導者の動線を確保するようにしました。

加えて，配膳に必要な台（■）は，配膳終了後は不要になるので，使用後にすぐにたたんでしまうことにしました。このことによって，指導者の動線をより大きく確保できるようになりました。

以上の対応で，食事やおやつの時間にも時間的な余裕ができると同時に，子ども同士のトラブルも減少させことができました。

指導者の動線を確保することは，個別的指導をしやすくするだけではなく，時間の節約といった効果もあります。よって，指導者の動線の確保は最重要課題であり，日々工夫していくことが，よりよい保育や幼児教育のために大切なのです。

LESSON 19 指導者の動線を確保しよう

LESSON 20 子どもによる作品の掲示場所

2〜5歳児クラスで必要なこと 4

> **POINT** 子どもの作品の掲示は，子どもの年齢によって意味が変わる。年齢にあった掲示場所と高さを考えよう。

　LESSON 18「指導者の立ち位置を確保しよう」と LESSON 19「指導者の動線を確保しよう」の2項目をきちんと実行すると，子どもによる作品の掲示場所不足に困ることが少なくありません。

　子どもによる作品の掲示場所は，設定保育や教育の時間には邪魔にならない場所である必要があります。図20-1のように指導者（△）の立ち位置を決定した場合であれば，子どもたちの後ろ側あるいは側面が利用できます。廊下を利用するのもよいアイディアです。一般的な掲示可能性がある場所を図に示しました。入口付近は行事や行事の際に何らかの掲示に使うことが多いので，最初から除外しておいたほうがよいでしょう。

子どもの作品掲示の意味を考える

　子どもによる作品の掲示にはいくつかの意味があります（図20-2）。一つは子どもを喜ばせることであり，もう一つは保護者へのアピールです。

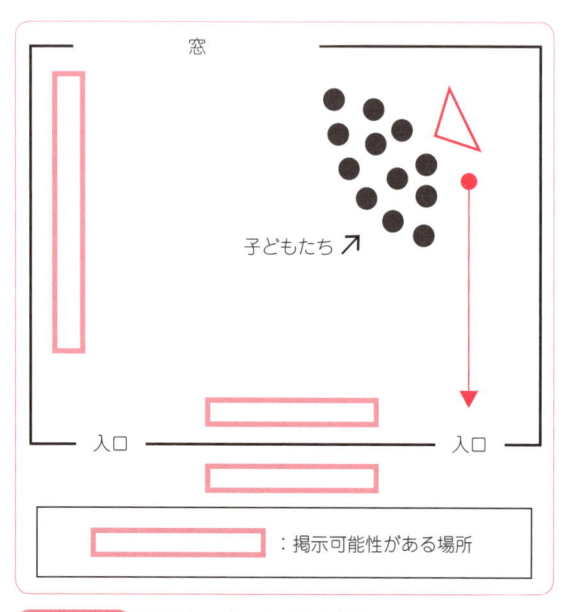

図20-1 子どもの作品の掲示場所

図20-2 子どもの作品
5歳児クラス全員で2歳児クラスのために作成した

○ すぐに実行！	× これはNG！
5歳児クラスの子どもたちがつくったものを飾ろう。	先生方がつくった飾り物の掲示をするのはやめる。誰も見ない。

　作品が掲示されることで，子どもが誇りに思えることも多いでしょう。2歳児クラスであれば，自分が作ったものが掲示されていることだけで満足でしょう。ところが，年齢が上がってくるとほかの子どもの作品との比較ができるようになってきます。こうなると作品の掲示が，低年齢の場合と逆に精神的な負担になることもでてきます。この意味で，子どもに見えやすいこともよし悪しになってきます。

　保護者へのアピールも子どもと同様によし悪しがあります。指導者がどんなことを子どもにさせているかという点ではよいアピールになることでしょう。しかしながら，保護者に子どもの作品を見せるのはほかの意味もあります。子どもの能力に何らかの問題があることを保護者に知らせる手段でもあります。特別な支援が必要な子どもであることを，先生方の代わりに子どもの作品に語ってもらうことは，大切なアピールといえます。ただし，幼児期では4月生まれと3月生まれでは差（1年の差）が大きいため，なかなか保護者に伝わらないかもしれません。

　以上に述べてきたことから，子どもの作品の掲示物は，ある程度高いところに掲示することが望ましいといえます。具体的には大人の目の高さより高いところにしておくのがよいようです。

　よくあることですが，「指導者の立ち位置を確保しよう」と「指導者の動線を確保しよう」の2項目が守られていない保育園・幼稚園・こども園では，先生方が作成したたくさんの飾り物が掲示されている場合があります。先生方が作成した飾り物は誰も見ません。見ても1回ぐらいでしょう。子どもたちのいたずらの道具になるのが関の山です。どうしても何かを飾りたいのであれば，最年長のクラスの子どもたちが作ったものを飾るのがよいでしょう。

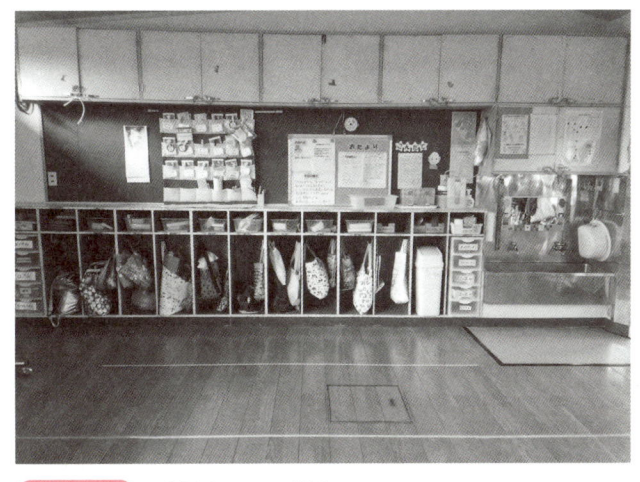

図21-1 3歳児クラスの場合
LESSON 21（p.48～49）参照

LESSON 21 整理整頓された環境を経験させよう

2～5歳児クラスで必要なこと 5

> **POINT** 保育園・幼稚園では，整理整頓された環境の心地よさを教え込むことが大切。施設をきれいに保つことは，子どもたちがお掃除を覚えるよい機会にもなる。

　ネグレクトを受けている子どもたちは，汚れた肌着を着ていても平気です。何日もお風呂に入らず，臭いにおいがしても気にする様子もありません。食事のときに口の周りが汚れて，それが衣服についても平気でいられます。

　読者のみなさんも，汚れたぞうきんで顔をふいている子どもを見たことがあると思います。どうしてそんな行動がとれてしまうのか，考えてみたことがありますか？

　それは，清潔な環境を経験したことがないので，清潔な環境の心地よさを知らないからです。当たり前のようなことでも，子どもにとっては，経験しなければわからないことがあるのです。

　ある被虐待児にかかわったときに，かつ丼は大好きだけれど，とんかつは嫌いだというのを聞いて，面食らったことがあります。これも同じことが理由です。手軽にコンビニで買えてご飯もついていて楽だという理由で，よくかつ丼を食べさせられていたのです。ただのとんかつだけを食べたことがなかったのです。そこで，ある教師はあえてお総菜のとんかつを買ってきて，調理してかつ丼にしてみせて，手を加えられていても元々は同じものであることや，とんかつそのもののおいしさを教えていました。

整理整頓された環境の心地よさを教えよう

　保育園・幼児教育においても同じことが必要です。整理整頓された環境の心地よさを教え込まねばなりません。このようなことを経験させることは大切ですが，さすがに0歳児クラスではなかなかむずかしいでしょう。2歳児クラスでは，可能な限り整理整頓された環境（前頁（図21-1<→ p.47>，図21-2）を経験させることをはじめたいと思うのです。実際にはまだまだむずかしい年齢なので，努力目標というべきですが，3歳児クラス以降では必須の教育内容です。実際，3歳児クラス以降では，少しずつ整理整頓をする経験をさせて，お掃除の仕方も少しずつ教えはじめることが望ましいといえます。

○ すぐに実行！	✕ これは NG！
整理整頓された環境の手本を示そう。	ごちゃごちゃした教室で，子どもをダメにしてしまう。

整理整頓の心地よさを保護者にも教えよう

　保育園では保護者への連絡掲示板があります。この掲示の仕方も大切な保護者へのメッセージとなることを覚えておきましょう。

　ともすると，忙しさにかまけて，行事終了後も行事の連絡票が貼られたままになりがちですが，このようなことがないように気をつけましょう。保育園に対して，いいかげんに対応してよいと，保護者に伝えているのと同じことになってしまいます。

　保護者から何らかの返事の書き込みが必要なメッセージであれば，その掲示物の近くにえんぴつを準備しておきましょう（図21-3）。書き込みが必要であることを伝えるメッセージは，目立つように大きく掲示しておきましょう。このように一手間かけておくことが，保護者に対して，整理整頓の心地よさを知らせる意味で，とても大切です。実をいうと，こころある保護者ほど，このようなところに目が届いています。実際，園庭にゴミが落ちていたり，雑草が生い茂っていたりするようでは，いい加減な行動をする子どもや保護者しか入園を希望しなくなることでしょう。

　このようなゴミ拾いなどの掃除をするのは，保育士だけではありません。5歳児クラスの子どもたちの仕事にもしましょう。自分の努力が他人のために役に立っているという経験は，どんなことより子どもの自尊心を育てます。子どもたちにとっての大きな自信になるのです。毎日少しずつしていけば，保育園は驚くほどきれいな状態を保っていられます。

図21-2　4歳児クラスの場合
ひらがなで表示している

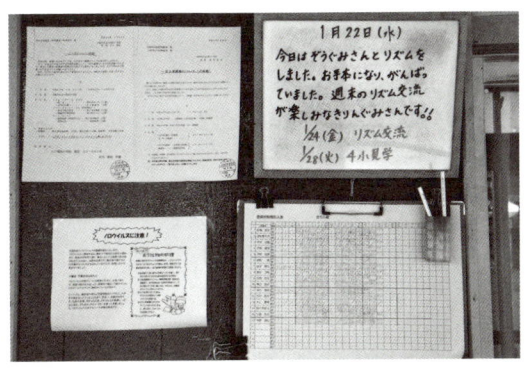

図21-3　保護者への掲示板

LESSON 21　整理整頓された環境を経験させよう

LESSON 22 ティーム・ティーチングの危うさを知ろう

2〜5歳児クラスで必要なこと 6

> **POINT** ティーム・ティーチングはより大きな効果が得られると期待される。そのためには，教員同士が役割分担や子どもへの働きかけなど，前もって確認し合うことが不可欠である。

　保育園，幼稚園，こども園に限らず，複数の教員で役割を分担し，協力し合いながら複数の子どもを指導する手法を**ティーム・ティーチング（TT）**といいます。1人の教員で子どもを教育するより，2人の教員で子どもを教育するほうが，より大きな効果が得られることが期待されています。単に同じ場所に複数の教員が配置されているということではなく，それぞれの教員が分担する役割をしっかりと果たすことで成り立つ指導形態です。

　しかしながら，TT によって，より大きな効果をあげているとはいいがたい現実もあるようです。なぜそのようなことになってしまうのでしょうか。

ティーム・ティーチングの実際のやり方

❶　図 22-1 で，△は教員 1，2（以下 T1，T2）を，●は子どもを示しています。T1 は全体に向かって指導をしており，T2 は T1 の指示に従って模範を示しています。この指導は，T2 が子どもたちの見本を示しており，一見よさそうに見えます。

❷　ところが実際は異なります。T2 のすぐ後ろにいる子どもたちの様子は，T1 からは見えません。T2 も後ろの子どもたちの様子を見ることはできません。なぜなら，T1 の指示に従って模範を示しているので，前を見ている必要があるからです。

❸　すなわち，このような配置では，T2 の後ろの子どもたちの様子を見守る人が

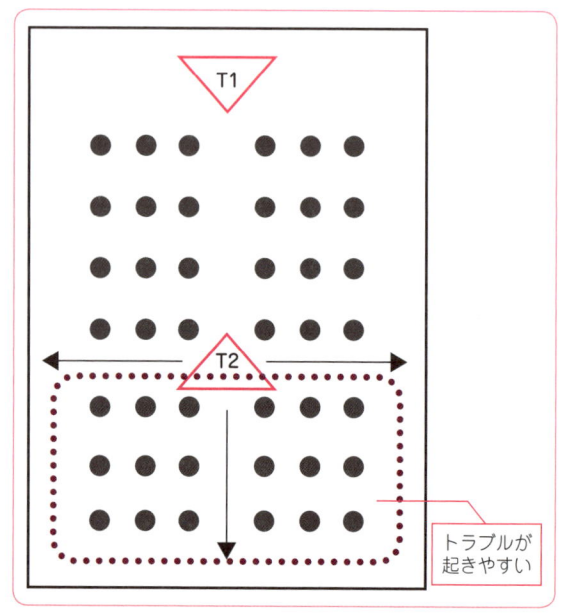

図 22-1 指導の空白があるティームティーチング（TT）

（トラブルが起きやすい）

> **すぐに実行！**
> 教室の前で規範を示す役を、よくできる子どもにさせてみるとよい。その分、指導者は教室内の子どもに目配りできる。

> **これはNG！**
> 目配りが足りず、把握できていない子どもを作ってしまう。ふたりで無責任体勢を作ってしまう。

いないという大きな欠点が生じているのです。

❹ T1がこのことを理解して、ときおりT1が移動してT2の後ろを見回るようならいいのですが、現実にはT2の手前の子どもたちに集中してしまうことが多いようです。2人の教員がT2の後ろにいる子どもたちを無視した状態、悪い言い方は承知ですが、ふたりの教員による無責任体勢が生じているといえます。

「2名の教員で指導しているが、いつもトラブルばかりで困る」とのことで訪問指導に行ったクラスで、図22-1の状態だったことが何度もあります。トラブルは必ずT2の後ろで生じます。

そもそも、模範を示させたいなら"できる子"にさせればよいのです。そのほうが、よほど教育的な成果が上がります。図22-1の場合ならT2の立ち位置はクラスの後ろか横のほうがよいのです。このように、TTでは、教員同士がお互いの立ち位置を確認し合い、死角が生まれないようにふるまう必要があります。

教員の立ち位置で、死角がうまれない工夫って？

実はこのような死角がうまれない工夫は、園庭で子どもたちを遊ばせるときにも必須のテクニックです。目の前の子どもと遊びながら、遠くの子どもたちにも視線を走らせて目を配ることは、とても大切なことです。**LESSON 17**（p.40）で示した、2歳児以降のクラスでの頭のなで方と共通した視線の使い方です。

T1は全体の指導を行い、T2は全体指導でうまくいかない子どもの個別指導を行うと仮定しましょう。このようなときに、T2が自分の仕事は個別指導だからと、何かに失敗した子どもを片っ端から指導をしてしまうと、全体としてはよくないことが起こることがあります。なぜなら、子どもたちは、自分が何もしなくても、T2が助けてくれると勘違いしてしまうからです。T2もペアレントトレーニングの手法（→ **LESSON 15**＜p.34＞、**LESSON 23**＜p.53＞）を使って、支援する必要があるのです。子どもが何もしていないなら、その行動は減らしたい行動に分類されますから、相手をしてはならないのです（表22-1）。

このようにTTでは、気をつけながら協力して指導にあたる必要があります。上記では、教員が自己責任を果たさず、依存的になって、子どもへの必要な働きかけがなくなることや、その場限りの対応になってしまう例を示してきました。このほか、主たる指導をする教員とサブになる教員の働きかけが一貫せず、子どもが混乱してしまったり、主たる指導をする教員が求めていた指導目標にそぐわない行動をサブになる教員がしてしまったりすることが知られています。

表 22-1　ペアレントトレーニング（PT）の手法による子どもの行動と対応

子どもの行動	支援者の対応
増やしたい行動	ほめる，かかわる
減らしたい行動	相手をしない，行動が変わるのを待つ
絶対に許せない行動	すぐに止める，好ましい行動を指示する

ティーム・ティーチングでは，サブの教員が重要

　一般に，力量が高い教員が主たる指導をすることが多いようですが，サブの教員は主たる教員の指導意図を読み取りながら，自分の指導方針を決定しなければならないので高い力量が要求されることもあります。この意味で，力量が高い教員があえてサブに回ることによって，TT を成功させやすい状況にもなります。筆者自身は幼児教育でお手伝いをする場合には，この意味でサブに回るようにしています。

　いずれにせよ，TT の指導を成功させるためには，日頃の教員間の人間関係を良好にしておくことが大切です。実際に指導に入る前に，それぞれの教員がどんな状況の子どもにどのような働きかけをするのかなどを話し合い，役割を分担し，お互いに確認しておきましょう。

COLUMN　目配りと立ち位置を考えよう

　ティーム・ティーチングを成功させるために，目配りの練習をしましょう。たとえば，12 人の子どもに絵本の読み聞かせをするとして，すべての子どもと目と目で会話をするのに何秒かかりますか。あるいは，すべての子どもが何をしているか，把握できますか。指導者の立ち位置や子どもの配置を改善すれば，3 秒程度で全員を把握できることが目標です。

　逆に言うと，3 秒程度で把握できないようなら，不慮の事故を防ぐことができません。不慮の事故を防ける目配りは，日頃から練習しないとできないようです。目配りの重要性に気がついてから，数年程度かかるようですが，確実に習得しておきましょう。実際，筆者が巡回指導している保育園では，不慮の事故が激減しました。

　指導者の癖を把握して，立ち位置を工夫するのもよいでしょう。たとえば，筆者が授業をすると，筆者からみて右側で手前の学生がうたたねをしそうになります。逆に，中央よりの左側で，少し離れた学生が緊張しています。前者は筆者の視線をあまり感じないのでしょうし，後者は頻繁に視線を感じるのでしょう。このことに気がついてから，筆者は中央より右側（学生からみると左側）に位置して授業をするようにしています。

　このような目配りの癖はどの人にもあります。癖がない人はありません。よって，目配りの癖を知るには，ティーム・ティーチングをしている相手の指導者に教えてもらうのが一番です。

　よいティーム・ティーチングでは，複数の指導者によって子どもの行動が観察されています。だから，より多くのことに気がつくのです。より多くの気づきによって，子どもの行動を改善できます。その気づきが"ほめるタイミング"に至れば，学級経営が容易になるのです。なぜなら，ペアレントトレーニングの原則を使いこなせるようになったからです。

LESSON 23 対応の基本を知ろう――ペアレントトレーニング（PT）手法のすすめ

2〜5歳児クラスで必要なこと 7

> **POINT** ほめてよい対象の行動とタイミングを覚え，正しい"ほめ方"を身につけよう。
> ほめることに成功すれば，子どもの減らしたい行動は改善される。

　LESSON 15「ペアレントトレーニングことはじめ」（p.34）では，ペアレントトレーニング（PT）手法を簡単に解説し，個別指導における例を取り上げました。前のLESSON 22でもティーム・ティーチングにおいて陥りやすい失敗について，取り上げました。本項では集団におけるPTのコツをお話したいと思います。大切な内容なのでもう一度，表23-1に載せます。

表23-1 ペアレントトレーニング（PT）の手法による子どもの行動と対応

子どもの行動	支援者の対応
増やしたい行動	ほめる，かかわる
減らしたい行動	相手をしない，行動が変わるのを待つ
絶対に許せない行動	すぐに止める，好ましい行動を指示する

ペアレントトレーニング（PT）手法のコツって？

　PTで一番大切なことは，増やしたい行動に対して，確実に"ほめる"，"かかわる"ことです。大人でさえも，何かあるとお小言ばかりいう人や自分勝手な人の言うことなど，聞きません。子どもならなおさらです。だから，一番の基本はほめることなのです。

　このようにいうと，子ども集団の中で，行動上の問題がある子どもをどのようにほめるのかと必ず質問されます。また，"小さなことでも，できたらほめてあげたらいいのですよね。"とよくいわれます。どちらの考えもどこかに誤解があります。

　行動上の問題がある子どもであっても，"努力"しようとしている行動は必ずあります。たとえば，こちらの指示に嫌々ながらも従っているときです。また，結果として好ましい行動にはならなくても，好ましい行動をしようとしているときもそうです。また，好ましくない行動から好ましい行動に変わったときなどが，まさにほめるタイミングです。

　大切なのは，かかわるときの支援者の表情や口調です。笑いながら，優しい口調で全員への指示を出しながら，行動上の問題がある子どもと目が合えば，確実にほめられたと子ども

⭕ **すぐに実行！**	❌ **これはNG！**
増やしたい行動をしている子どもにかかわることを優先させる。	減らしたい行動をしている子どもにかかわることを優先させる。

はわかります。

"努力とプロセス"をほめることが大切

❶ みなさんに覚えておいてほしいのは，"努力"をほめること

　決して成果をほめることではありません。だから，"小さなことでも，できたらほめてあげたらいいのですよね。"というのは，大きな間違いです。誰でも，できて当たり前のことをほめられると，馬鹿にされたと感じてしまいます。たとえば，大人であるあなたが，みんなの前で「よく静かに座っていますね。立派ですね」といわれたら，馬鹿にされた，恥をかかされたと感じませんか？　子どもであっても同じことです。大切なのは，経過（プロセス）を，努力をほめることであって，結果ではありません。

❷ 失敗が多い子どもは，周囲の大人が自分をどう扱うかにとても敏感

　子どもは自分を認めてくれる大人なのかどうかを見分けようとします。わざと試してみたりもします。いわゆる"好きな子いじめ"をします。このような挑発にのってしまうと，次からも相手をしてもらいたいときには"好きな子いじめ"をすることでしょう。こういうときに挑発にのらずに，冷静に対応して，子どもから"信頼と尊敬"を勝ち取りましょう。"信頼と尊敬"があればこっちみて行動（→ **LESSON 29** 〈p.71〉）はなくなります。

❸ 確実にほめることに成功すれば，減らしたい行動に対して相手をしないことで，子どもの行動を改善させることができる

　PT手法で先に練習するのは，"ほめ方"です。ひとりの子どもを相手にしているときでも，支援者がうまいほめ方を練習しつつ，減らしたいことにかかわらないように心がけるだけで，減らしたい行動はかなり減少します。

　実をいうと，減らしたい行動を改善させるのは，ひとりの子どもを相手にするより子ども集団を相手にしたほうが簡単です。なぜなら，集団の場合は，減らしたい行動をしている子どもがいる一方で，増やしたい行動をしている子どもが確実にいるからです。増やしたい行動をしている子どもをほめることを優先して行いましょう。できている子どもをことばでほめましょう。

　たとえば，塗りつぶしをせずに，ぐちゃぐちゃに塗っている子どもがいれば，ほかのきちんと塗りつぶしている子どもの頭をなでながら，"きれいに，きちんと塗りつぶしているね。さすが，＊＊組のお友だちはすごいねぇ"といえばよいのです。ほめことばを全体に向かって話してください。

減らしたい行動は無視しても，他の子どもを無視しない

　子ども集団を相手に，減らしたい行動を改善させるときのコツは，減らしたい行動の子どもを無視しても，ほかの子どもを無視しないことです。たとえば，けんかをふっかけようとしている子どもがいる場合には，けんかをふっかけられた子どもの相手を支援者がしてあげてください。けんかをふっかけられた子どもの興味は，けんかをふってきた相手から，支援者であるあなたに代わることでしょう。このようにして，けんかがはじまるのを防ぐことができるでしょう。

　このことは，絶対許せない行動の場合も同じです。お友だちをたたいた子どもがいる場合には，支援者であるあなたが相手をすべきは，たたかれた子どもです。お友だちをたたいた子どもは，あなたの背中と壁の間にはさんで遮ります。筆者ならごめんなさいをいうまで，背中と壁の間から出してあげません。ごめんなさいをいうように指導するのもいいでしょう。

　PT手法は大変有用な方法ですが，習得するには時間がかかります。小学校の先生方のための本ですが，新潟特別支援教育研究会・大森　修　編（明治図書）「場面サインを見逃すな！通常学級担任用：特別支援教育対応シート」（図23-1）で勉強するとよいでしょう。

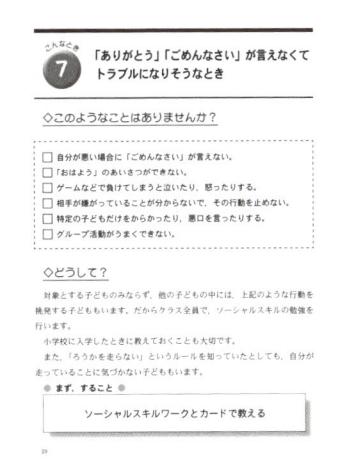

図 23-1 教育現場でのPT手法の参考書：場面サインを見逃すな！　通常学級担任用：特別支援教育対応シート
（新潟特別支援教育研究会・大森 修編：明治図書．2010より）

LESSON 23　対応の基本を知ろう——ペアレントトレーニング(PT)手法のすすめ

LESSON 24 何でも一言で提示しよう

2〜5歳児クラスで必要なこと 8

> **POINT** 言葉が使えるようになったばかりのうちは，まだその意味を理解していない。混乱をまねかないように，何かを伝えるときはすべて一言で提示しよう。

　「何でも一言で提示しよう」を保育園・幼稚園・こども園全体のルールにしましょう。加えて，子どもがわかるスピードでゆっくり話しましょう。子どもと目と目で会話をしながら話していれば，子どもにわかりやすいスピードがわかるはずです。2歳児クラスまでの保育では，これらのルールがきちんと実践されている保育園が多いだろうと思います。

3歳児クラスでの"一言提示"はなぜ

　子どもたちが3歳児クラスにはいって，自我の目覚めを迎えると，子どもが様々なことを話すので，周りの大人も子どもにあわせて話してしまいます。3歳児の言葉をよく聞いて，行動をよく観察してみてください。

❶　本当にわかっているのなら，話した通りに行動できるはずですが，実際には行動できません。「わかる」にはいろいろな段階があります（図24-1）。

❷　『にほんごであそぼ』というNHK教育テレビの幼児向け番組を見ると，子どもは，いろいろな言葉を暗記できるのがよくわかります。「門前の小僧習わぬ経を読む」の例えのように単なる暗記です。言葉を使えるようになるには，暗記だけでは無理です。中身がわかるようになる必要があります。

❸　応用がきくようになれば，言葉のもつ意味を理解できるだけではなく，自分の言いたいことが言えるように，使いこなせるようになります。

❹　たとえば，「ごめんなさい」という言葉の意味を幼児は理解しているのでしょうか。もしそうなら，「ごめんなさい」といった対象を繰り返さないように努力するはずです。

図24-1 わかるにもいろいろある

知識
理解度 低／高
- 想起（暗記だけ）
- 解釈（中身がわかる）
- 問題解決（応用がきく）

（教育目標分類学より）

言葉には，暗記レベルと解釈レベルがある

　保育士・幼稚園教諭はよく経験しているかと思いますが，幼児は「ごめんなさい」といえ

○ すぐに実行！	× これは NG！
一言で端的に言葉がけをする。	一度にたくさんの言葉がけをする。

てもその後も，同じ間違いをよく繰り返しますし，反省しているようには見えないことも数多くあるかと思います。このことからもわかるように，幼児の「ごめんなさい」は，叱られるのを終わらせるための魔法の言葉という理解なのでしょう。すなわち，「ごめんなさい」の理解は「想起レベル（暗記だけ）」なのです。

　この時期に，想起レベルの知識をたくさん身につけても，そのことは子どもの行動の改善には役に立ちません。想起レベルの知識は，そのときには役には立ちませんが，後でその意味がわかるようになったときには，それが当たり前のこととして身についているのです。その例を LESSON 16「1歳児クラスは保育園の礎」(p.36)で示しました。

"ごめんなさい"の理解が"解釈レベル"に達するのは，一次反抗期が終わってから

　"ごめんなさい"の意味がしっかりわかるようになるのは，一次反抗期が終わって，簡単な論理がわかるようになってからです。幼児教育にかかわる方々なら，5歳児クラスが秋以降になると，だいぶお利口さんになるのがわかるかと思います。なぜなら，一次反抗期が終わった子どもが過半数になるからです。つまり，意味がわかって言葉を使える子どもが増えてくるからです。逆にいえば，この時期＊までは，子どもたちは言葉の意味がわかっているとは限らないのです。

　したがって，3歳児クラスはもちろん，4歳児クラスでも，「何でも一言で提示しよう」を守ったほうがよいのです。5歳児クラスでは，趣旨を説明したほうがむしろよい場合があるわけですが，くどくならないように注意しましょう。

COLUMN
「何でも一言で提示しよう」を守ってほしいもう一つの理由

　もう一つの理由は，発達障害を抱えた子どもへの配慮です。このような子どもは，作業記憶が乏しいので，一度にいろいろなことをいわれると，自分がわかったことだけを行動します。

　たとえば，「国語の教科書の15ページを開きなさい」といわれると，国語，教科書，15ページの3つの情報を頭に入れておかないと，行動できません。この3つが作業記憶です。対策として，先の言葉を分けて話します。まずは，国語の教科書を見せながら，"国語の教科書を出しなさい"と指示をして，国語の教科書を出したのを確認してから，"15ページを開きなさい"と声がけをします。

＊LESSON 35「一次反抗期はよいこと」(p.86)を参照。

LESSON 25 保育・幼児教育の目標を具体的に考える

2〜5歳児クラスで必要なこと 9

POINT 厚生労働省の保育所保育指針や文部科学省の幼稚園教育要領は，基本的な保育・教育のあり方が記されている。保育・幼児教育に携わる者として必ず一度は目を通しておこう。

　設定保育・幼児教育の内容を考えるうえで目を通しておきたいのは，厚生労働省による保育所保育指針と文部科学省による幼稚園教育要領です。現在ではいずれもホームページから，ダウンロードして入手できます。

　ご覧いただくとわかりますが，現在の保育所保育指針ならびに幼稚園教育要領は，多彩な保育環境ならびに幼稚園・こども園に合致させるために，抽象的な記述が多く，わかったような，わからないような気持ちにさせられることでしょう。

　その理由は，保育所保育指針ならびに幼稚園教育要領に，教育目標分類学における一般目標（いわゆる「めあて」）のみが記載されており，行動目標（いわゆる「てだて」）が記載されていないからです。

　元をたどれば，これらの前身は文部省編「保育要領－幼児教育の手引き－」（1948年）であり，幼稚園・保育園の区別なく幼児教育の指針として作成されており，保育要領には大変具体的に教育内容が記されています。表 25-1 にその例として，保育所日課の一例を示しました。大変具体

表 25-1　保育所日課の一例

登所	八時から九時までの間。
	地域により，また季節によって適宜変更する。
	朝の検査　登所した幼児の健康状態を順々に調べる。
＜自由遊び＞	
間食	十時。
休息	約三十分。したく・休息・あと片づけ。
昼食	十一時半から十二時半まで。
	手洗い・うがい・したく・食事・あと片づけ。
昼寝	昼食後約一時間三十分。
＜自由遊び＞	
間食	二時半。
	したく・お八つ・あと片づけ。
帰宅	三時。

　家庭の事情でもっとおそくまで保育する必要のある場合には適宜時間を延長する

> ⭕ **すぐに実行！**
> ①健康，②社会，③自然，④言語，⑤音楽リズム，⑥絵画製作の6領域を意識して保育・教育する。

> ❌ **これはNG！**
> 保育を子どもにとっての単なる楽しみの時間にしてしまう。

的に日課の例が示されています。

　この保育要領を元に作成されたのが，「幼稚園教育要領」(1956年)です。この教育要領の目標(めあて)には，次のように記されています。

---

1. 健康，安全で幸福な生活のために必要な日常の習慣を養い，身体諸機能の調和的発達を図ること。
2. 園内において，集団生活を経験させ，喜んでこれに参加する態度と協同，自主及び自律の精神の芽生えを養うこと。
3. 身辺の社会生活及び事象に対する正しい理解と態度の芽生えを養うこと。
4. 言語の使い方を正しく導き，童話，絵本等に対する興味を養うこと。
5. 音楽，遊戯，絵画その他の方法により，創作的表現に対する興味を養うこと。

　そして，教育要領の目標(めあて)を達成するために，教育内容を，**①健康，②社会，③自然，④言語，⑤音楽リズム，⑥絵画製作の6領域**に分類して，「望ましい経験」(てだて)として掲示されています。

　これらの内容は，標記的に古い，あるいは現代社会になじまないものも含まれてはいますが，基本的な保育・教育のあり方として大変参考になる内容といえるでしょう。なぜなら，近年の設定保育ならびに幼児教育が，単なる楽しみの提供に堕している傾向があるからです。下記の「望ましい経験」の内容を，子どもたちにしっかり経験させられるように，配慮していただくことを願っています。

「幼稚園教育要領」(1956年)より，「第Ⅱ章幼稚園教育の内容」より抜粋

1　健　　康

1．健康生活のためのよい習慣をつける。

清　潔

　皮膚・髪の毛・つめなどをきれいにする。／仕事や遊びのあと，よごれた手足や顔をきれいにする。／せっけんや消毒液の使い方を知る。／歯をみがいたり，うがいをしたりする。／はなをかむ。／汗をふく。／手ぬぐいやハンカチは，きれいなものを使う。／ちり紙やハンカチを，いつも持っている。／はな紙や紙くずは，きめられた所に捨てる。／使いよごした道具は，きれいにしておく。／水飲場や手洗場などをきれいに使う。／戸や窓を開閉して換気する。

LESSON 25　保育・幼児教育の目標を具体的に考える

食　　事
　　食事の前に手を洗う。／簡単な食事の準備やあとかたづけを手伝う。／食事の前後，しばらくは静かに休む。／よい姿勢で食事する。／おちついてよくかみ，こぼさないで食べる。／食べ物の好ききらいを言わない。／楽しく食事する。
排　　便
　　なるべくきまった時間に用便する。／便所で排便する。／便所や衣服をよごさないように用便する。／用便後の始末をじょうずにする。／用便のあと，手を洗う。
衣　　服
　　できるだけ自分で衣服を着たり脱いだりする。／清潔でさっぱりした衣服を着る。／衣服をきちんと身につける。／衣服を着すぎたり薄着になりすぎたりしない。／適切な服装で仕事や遊びをする。
運　　動
　　なるべく戸外で遊ぶ。／日光にあたる。／炎天下では帽子をかぶる。／炎天下や寒いところで，長遊びをしない。
休　　息
　　疲れたら休む。／運動や食事のあと静かに休む。／楽な姿勢で休む。／休むときは静かにする。／午睡するときは，早く静かになる。／午睡時間中，便所に行かないでもいいようにする。
２．いろいろな運動や遊びをする。
　　元気にかけたり，とんだり，はねたりする。／いろいろな形で歩いたり，走ったり，とんだりする。／すべり台・ぶらんこ・低鉄棒・ジャングルジム・砂遊場・固定円木などで遊ぶ。／箱車などの乗物で遊ぶ。／なわとび・たまなげ・雪遊び・鬼遊びなどをする。／鈴わり・綱引き・たまなげなど，簡単なゲームをする。／かけっこ・まりなげその他いろいろな競争をする。／歌や曲に合わせて律動的に動く。／正しい姿勢で，歩いたり腰掛けたりする。
３．伝染病その他の病気にかからないようにする。
　　指やおもちゃなどを口に入れない。／ハンカチや歯ブラシなどは，自分のものを使う。／予防注射や身体検査を受ける。／身長・体重測定などに関心をもつ。／ほこりやごみの多い所で遊ばない。／からだのぐあいが悪くなったときは，すぐ教師に知らせて，手当を受ける。
４．設備や用具をたいせつに扱い，じょうずに使う。
運動の設備や用具の使い方を守る。／いろいろな遊具をいためないように使う。／いろいろな遊具を分け合って使う。／使用した用具や遊具は，きめられたとおり始末する。
５．けがをしないようにする。
　　危害を与える動物などに近寄らない。／遊び場や遊び方のきまりを守って危険を防ぐ。／ガラスの破片やこわれた道具など危険な物があったら，おとなに知らせる。／はさみやのこぎりなどの危険を伴う用具は，きまりを守って使う。／交通のきまりを守って歩く。／乗物には，順番を守って乗ったりおりたりする。／火事や地震のときは，教師のさしずに従い，静かに早く安全な場所へ移る。／きり傷やかすり傷など，けがをしたら，すぐに手当を受ける。
　２　社　　会
１．自分でできることは自分でする。
　　ひとりで衣服を着たり，脱いだり，はき物をはいたりする。／仕事や遊びに使うものは，自分で用意を

したりかたづけたりする。
2．仕事をする。
　仕事を熱心にする。／仕事をくふうしてする。／仕事を完成する。／仕事をやりそこねたら，またやりなおす。／進んで仕事を手伝う。
3．きまりを守る。
　自分の持物，幼稚園の遊具や道具などを，きまった場所に置く。／遊びや仕事のきまりを守る。／幼稚園に来たとき，帰るときにあいさつをする。／へやのなかや廊下のきまりに従う。／特別な場所へ行くときは，どこへ行くかを告げ，許しを得る。／教師や友だちとの約束を守る。／みちくさをしない。／きめられたとおり，道路を往復する。
4．物をたいせつに使う。
　ひとの物を使うときは，許しを得る。／仕事や遊びの道具を，正しくたいせつに使う。／共同の道具や遊具は，みんなで公平に使う。／色紙や絵の具など，材料をむだに使わない。／物を紛失しないように気をつける。／物を紛失したときは，すぐにその旨を届ける。／落し物は，拾ってすぐに届ける。
5．友だちと仲よくしたり，協力したりする。
　友だちと仲よく遊ぶ。／だれとでも仲よくする。／友だちがほめられたら，みんなで喜んであげる。／困っている友だちを見たら，助けてあげる。／親切にしてもらったら「ありがとう」をいう。／友だちの仕事や遊びのじゃまをしない。／あやまって迷惑をかけたら，すぐにあやまる。／友だちのあやまちを，互に許し合う。／グループに割り当てられた仕事は，みんなで協力する。／仕事や遊びの道具を独占しないで，みんなで順番に使う。／リーダーになったり，従う人になったりする。
6．人々のために働く身近の人々を知り，親しみや感謝の気持をもつ。
　幼稚園には，園長その他の教師や，働く人のいることを知る。／自分たちは，親や幼稚園の教師をはじめ，多くの働く人々の世話になっていることを知り，感謝の気持をもつ。／郵便配達・車掌・巡査・農夫など，身近な働く人々に親しみをもつ。／停車場・郵便局・消防署・工場・商店などを見に行く。／ままごと・乗物ごっこ・売屋ごっこなどのごっこ遊びをする。
7．身近にある道具や機械を見る。
　自転車・電車・汽車・自動車・飛行機などを見る。／乗物が人や物を運んでくれることを知る。／建造物やいろいろな道具・機械類に関心を寄せる。
8．幼稚園や家庭や近隣で行われる行事に，興味や関心をもつ。
　遠足・運動会・発表会・誕生会・ひな祭りなど，幼稚園の行事に喜んで参加する。／近くの小学校で催される運動会などの行事を見に行ったり，参加したりする。／みんなといっしょに国の祝日などを楽しむ。

3　自　然

1．身近にあるものを見たり聞いたりする。
　花や草や木などを見て話す。／飼育している金魚・小鳥・こん虫・にわとり・うさぎなどを見て話す。／ちょう・とんぼ・ありの様子を見る。／動植物の成長や変化を継続的に見ようとする。／朝日・夕日・月・星などを見る。／雲・雨・雪・にじ・風などに注意を向ける。／山・川・海を見る。／虫や鳥の鳴き声を聞く。／いろいろな音を聞き分ける。／物の遠近・方向・高低・位置・速度などを注意したり，比べたりする。

2．動物や植物の世話をする。

　種をまいたり，苗を植えたり，水をやったりする。／花壇の草取りを手伝う。／おたまじゃくし・金魚・小鳥・虫などをいたわる。／動物の親が，子をいたわって育てるところに気づく。／動物の食べ物がいろいろ違うことに気づく。／木や草花を，むやみに折ったり摘んだりしない。

3．身近な自然の変化や美しさに気づく。

　四季の変化の様子を見る。／日の出と日の入り，日なたと日かげを比べる。／暖い日と寒い日，晴れた日と曇りや雨・風の日などを比べる。／山・海・川・動植物・天体の美しさを観賞する。／おたまじゃくしなどの変化を見たり，絵にかいたりする。／晴れの日や雨の日などのしるしをつける。

4．いろいろなものを集めて遊ぶ。

　木の葉・木の実・貝がら・小石などを集めて遊ぶ。／いろいろ集めたものを，友だちと見せ合ったり，話し合ったりする。／物の大小・軽重・数量・形などを比べる。／集めたものの展示をする。／集めたもののしまい方を考える。

5．機械や道具を見る。

　機関車や自動車などを興味を持って見る。／おもちゃなどの構造に関心を持つ。／木製品，金属製品の区別に気づく。／磁石，虫めがねなどを使って遊ぶ。

4　言　語

1．話をする。

　名まえを呼ばれたり，仕事を言いつけられたとき，返事をする。／簡単な問に答える。／自分の名まえや住所，学級の名，教師の名などをいう。／簡単な日常のあいさつ用語を使う。／きのうあったことや，登園の途中で見たことなどを，みんなの前で話す。／友だちの名を正しく呼ぶ。／友だちといっしょに話し合う。／相手の顔を見ながら話す。／ひとの話が終ってから話す。／ひとから聞いた話を，ほかのひとに話して聞かせる。／ことば遊びをする。／疑問や興味をもつものについて，活発に質問する。／教師の指導（表現意欲を害しない程度）に従い，正しいことばや語調で話す。

2．話を聞く。

　教師や友だちの話を聞いたり，友だちどうしの話合いを聞く。／ラジオや教師の童話などを喜んで聞く。／多くの友だちといっしょに聞こうとする。／話をする人のほうへ向いて聞く。／いたずらや私語をしないで，静かに聞く。／幼児語・方言・なまりや下品なことばと正常なことばとの区別をだんだんに聞き分ける。

3．絵本・紙しばい・劇・幻燈・映画などを楽しむ。

　絵本を喜んで見る。／絵本について，教師や友だちと話し合う。／紙しばいや人形しばいをしたり，見たりする。／劇や幻燈・映画などを見る。／劇遊びをして，自分の受け持つせりふをいう。／多くの友だちといっしょに，劇や映画を静かに見る。／紙しばい・人形しばい・劇・幻燈・映画などを見たあとで，感じたことを発表する。

4．数量や形，位置や速度などの概要を表わす簡単な日常用語を使う。

　グループの友だちの人数を数える。／ひとつ・ふたつと，一番目・二番目を使い分ける。／日常経験する事物について，数・長さ・広さ・高さ・重さ・形などを表わす簡単な日常用語を使って話す。（いくつ・なんにん・なんびき・ながい・みじかい・ひろい・せまい・たかい・ひくい・おもい・かるい・まるい・しかくなど）／遠近・方向・位置・速度などを表わす簡単な日常用語を使って話す。（とおい・ちかい・む

こうへ・こちらへ・うえに・したに・まんなかに・まえに・あとに・はやい・おそいなど）

5　音楽リズム

1．歌を歌う。

　ひとりで喜んで歌う。／学級全体や小さなグループにはいって，みんなといっしょに楽しく歌う。／自分の座席で，あるいはみんなの前で，ひとりで歌う。／すわって歌ったり，立って歌ったりする。／手を打ったり，歩いたりしながら歌う。／歌いよい姿勢で歌う。／はっきりしたことばで歌う。／すなおな声で歌う。／音程やリズムに気をつけて歌う。／よい歌をたくさん覚える。／歌遊びをする。／いろいろな楽器に合わせて歌う。／音楽的な短い節を，即興的に作って歌う。

2．歌曲を聞く。

　教師や友だちが歌うのを静かに聞く。／蓄音機やラジオの歌を喜んで聞く。／友だちが出る演奏会や音楽会を楽しんで聞く。／いろいろなよい音楽をたくさん聞く。／ひとが歌うのを，気をつけて聞く。

3．楽器をひく。

　喜んで楽器をひく。／カスタネット・タンブリン・たいこなど，いろいろなリズム楽器を使う。／歌や行進に合わせて，創作的にリズム楽器をひく。／汽車の音や動物のなき声などをまねて，楽器をひく。／役割を分担したり，交代したりして楽器を使う。／指揮者の合図に従って楽器をひく。／いつも使うリズム楽器の名まえや使い方を知る。／楽器をたいせつに使う。

4．動きのリズムで表現する。

　曲に合わせて歩いたり，かけたりする。／動物や乗物などの動きをまねて，身体の動きをする。／楽器の音に反応して，リズム的な動きをする。／曲や歌に合わせて，自由にリズム的な動きをする。／自分の感じたこと，考えたことを，そのまま動きのリズムで表現する。

6　絵画製作

1．絵をかいたり，物を作ったりする。

　自由なのびのびした気持で，絵をかいたり，物を作ったりする。／園内外の日常生活，身近に見聞するもの，自分が経験した様々なことを絵や物に表現する。／ごっこ遊びや劇遊びに使うものを，かいたり作ったりする。／自分で考えたことや感じたことを，絵や物に作って表現する。／砂遊場で，自由な立体表現をする。／クレヨン・絵の具・紙・粘土・砂・木片・布きれなど，必要な材料を使って，絵をかいたり物を作ったりする。／材料をじょうずに使う。／筆・画板・粘土板・はさみ・かなづちなど，絵をかいたり物を作ったりするために必要な諸道具をじょうずに使う。／材料や道具を準備したり，あと始末したりする。／何人かで，一つのものをかいたり作ったりする。

2．形や色を知る。

　木の葉・木の実・花などを集めて，整理したりきれいに並べたりする。／四角・丸・三角などを，自由にかいたり作ったりする。／色や線でいろいろな模様を作る。／色紙や布きれを切ったり，ちぎったりして，自分の好きな形や物を作ってはりつける。／美しい絵・形・色などを見て，調和した美しさを味わう。／しろ・くろ・あか・ちゃ・きいろ・だいだい・みどり・あお・むらさきなどの色を知る。

3．美しい絵や物を見る。

　なるべく多く，美しい絵や製作物・花や景色などを見る。／いろいろな絵や物を見て，その美しさについて話し合う。／教師といっしょに，保育室や廊下などを花や絵で飾る。／人の作品をだいじにする。

LESSON 26　2歳児クラスと行動異常 ── 発達障害と子ども虐待

気になる子どもの早期発見と対応 1

> **POINT** 特別支援学級や特別支援学校がふさわしい子どもとちがって、虐待されている子どもや通常学級における特別支援教育が必要な子どもは見つけにくい。疑いをかけて経過を観察し続けることが大事。

　よい保育をしている保育園では、2歳児クラスのうちに（3歳6か月健診までに）発達障害のある子どもを、気になる子どもとして見つけられるようです。特別支援学校に就学する子どもは、2歳児クラスのうちにほとんど見つけられます。このような子どもは、精神年齢が暦年齢（実際の年齢）の半分以下なのですぐにわかります。

　文部科学省は通常学級における特別支援教育が必要な子どもが6.5％いることを示しています。これらの子どもは、全般的な知的水準は正常範囲内なので、特別支援学校がふさわしい子どもと異なり、遅れの程度は弱いことが特徴です。また、遅れがあっても一部の項目だけということもあります。

　このような子どもを2歳児クラスのうちに見つけて、早期介入をすることは大変重要なことですが、その遅れは4月生まれと3月生まれの差より小さいのです。よって、保育士が経験で判断することは極めて困難です。遠城寺式発達検査表のような客観的な指標が必要なことは、これまでに示してきた通りです。

環境により引き起こされる"発達の遅れ"

　困ったことに、このような小さな遅れは、これまでに示してきたように、"早寝・早起き・朝ごはん"を守っていないといった環境上の問題でも引き起こされてしまいます。誰でもそうですが、"経験していない"ことはできないのです。虐待がある子どもでは、経験不足が生じやすいので、遠城寺式発達検査表の「基本的習慣」や「対人関係」が遅れやすいのです。

　環境上の問題というのは、本人の生物学的な要因以外のすべてをいいます。たとえば、劣悪な保育環境も原因になり得ます。

　2歳児クラスになれば、特別支援教育以前の"従来の特殊教育"（特別支援学校がふさわしい）が必要な子どもは容易に見出せる一方で、通常学級における特別支援教育が必要な子どもや、"早寝・早起き・朝ごはん"を保護者に守ってもらえない子どもや、メディアの問題を抱えた子どもは、簡単には見つけ出せないのです。

　本書で示してきた、よい保育をしている保育園でさえも、疑いをかけるのがやっとです。

○ すぐに実行！	✕ これはNG！
気になる子どもを遠城寺式発達検査表を使いながら経過観察する。	気になる子どもを客観的に観察せずに何となく様子をみる。

しかしながら，疑いをかけながら経過観察を続けることによって，問題のありかを特定し，子どものすこやかな発達を取り戻すことも可能となります。どのようにして，より多くの子どもたちのすこやかな発達を保障するかは，さらなる検討が必要ですが，先進的な保育園では，その保育によって子どもの将来を変えています。2歳児保育はその最先端の場といえましょう。

CASE 6　3歳男児　自閉症スペクトルの疑い

父・母・患児・妹（2歳）の4人家族の長男です。妹を押して転ばせたり，妹が遊んでいるおもちゃを取りあげたりします。母親がたしなめると，母親の言葉をオウム返しにして同じことを繰り返しました。児童相談所に相談をして，自閉症と判定されていました。

初診時の遠城寺式発達検査表では，移動・手の運動は年齢相応（3歳4か月）だが，基本的習慣（2歳0か月），対人関係（1歳2か月），発語・言語理解（1歳6か月）でした。

診察室では目が合わないように見えましたが，筆者が妹と遊ぶと筆者をにらみ返しました。すなわち，"目が合う"といえます。筆者が妹に話しかけると，妹とかかわります。以上の行動観察から，自閉症スペクトルを否定しませんが，環境上の問題も考えて，子育て支援を開始しました。

❶　母親には"早寝・早起き・朝ごはん"を守ることをお願いして，保育園に"母親的かかわり"をお願いして，患児に愛着形成（attachment）を修得させたところ，行動異常が減少していきました。この経過から，環境上の問題が大きいことが明らかになりました。

❷　患児が愛着形成を習得するにつれ，母親を求めるようになりました。母親はこれを"育てにくさ"と感じて患児を拒否しました。保育園では同じ配慮を継続しました。母親はマタニティーブルーが続いて妊娠時より抑うつ状態にあるとわかってきました。

❸　就学前知能検査では，WISC-ⅢにてFIQ＝108（VIQ＝105，PIQ＝110）と正常でした。就学の相談にあたり，子育てに非協力的であった父親を保育園側が来院させてくれました。数回の診察で父親とのラポート（信頼関係）がとれた後に，患児の行動異常は心理的な問題で，父親の協力で治療可能であることや，母親の精神科受診の必要性を告知したところ，協力が得られました。

❹　父親の子育てへの参加とともに，患児の行動異常もさらに改善しました。現在，中学1年ですが異常はありません。保育園，小学校と医療との協力によって，子どもの行動異常が是正された事例であるといえます。

LESSON 27 ３歳児の行動異常と家庭教育の外注

気になる子どもの早期発見と対応 2

> **POINT** 保護者が子供と一緒に苦労することを放棄したり，家庭でできる教育を怠ってしまったりすると，将来，子どもは社会常識を伴わない大人になるおそれがある。

　前項で触れたように，３歳児保育，年少さんの幼稚園の時期になると，発達障害にせよ，心理上の問題にせよ，虐待の問題にせよ，子どもの行動の問題が明らかになりはじめます。すなわち，様々な問題が目立ちはじめる時期です。

"本人の要因"と"環境の要因"がある

　本人側の要因としては"発達障害"の問題，環境側要因としては"虐待"の問題です。ここでいう虐待とはネグレクトや心理的虐待です。保護者に母性や父性が育っておらず，子どもが育っていないという問題です。このようなケースでは，子どもには知的な遅れがないのに，遠城寺式発達検査表での「社会性」──「基本的習慣」や「対人関係」が遅れます。

子どもの"経験不足"が遅れを生じさせるって？

　ここで問題になるのは子どもの"経験不足"です。させてもらっていないがために遅れが生じているのですから，要は経験させてあげればよいのです。教育上の問題は，"経験不足"の子どもたちが信頼できる大人と一緒に努力した経験がないことです。
　"経験不足"自体は大きな問題になりませんが，**"努力した経験がない"は大きな問題**です。
　保護者も子どもも努力しないというよい例が"おむつ外し"ができないまま幼稚園に入れる家庭が増加していることです。筆者の世代（2014年で50歳台）だと，おむつがとれていないのに，子どもを幼稚園に入園させるなんて，恥ずかしくてできませんでした。ところが，今は堂々としているようです。「おむつがとれなくて，どうしたらいいかしらね」とママ友にいうと，「幼稚園に入れれば，幼稚園の先生がやってくれるわよ」と返事が返ってくるのです。まさに"家庭教育の外注"です。
　家庭教育の外注を"虐待"とはいいませんが，"虐待予備軍"といってよいでしょう。"虐待予備軍"で，"夜遅くまで寝かせてもらえない"，"朝ごはんを食べさせてもらえないことがある"とか，"提出物が遅れることが多い"とか，"ハンカチやちり紙をもっていない"など，手をかけてもらえないことが重なれば，虐待かもしれません。疑いをかけましょう。虐待予

◯ すぐに実行！♪	✕ これはNG！↘
家庭での子どもの経験不足を補おう。具体的には，子育ての知恵を学級通信で伝えよう。	保護者の仕事をやってあげてしまう。

備軍を減らすことが"虐待"を受けている子どもを減らすための予防対策です(→ **LESSON 9** ⟨p.22⟩)。

　ちなみに，家庭教育の外注が続くと，結局は子どもに"ツケ"が回ってきます。ツケを払うのは，高等教育（高校，大学，専門学校）ないし就職のころです。なぜなら，社会常識が育っていないからです。国公立大学においてさえも，このことが大学教育の大きな課題になっている寂しい現状があります。

COLUMN　おむつの外し方

　遠城寺式発達検査表によれば，**排尿を予告するのは2歳0か月で90％の子どもができます。**

① 1歳半を過ぎたら，子どもをよく観察して，おしっこがでそうなときの表情を覚えておく。わかるようになったら，おまるに座らせて，おしっこをする練習をしておく。うまくいけば，このままおしめがとれる。
　※また，おしめがどれぐらいの感覚で濡れるのかをチェックしておく。
② わからなくても2歳を超えた夏にパンツだけにする。
③ 子どもがおもらしをしても，絶対に怒らずに，次のように話すこと。
　母：「おしっこ，出たね？」
　子：「うん」
　母：「次から，おまるでしようか！　教えてね」
　子：「うん」
④ しばらくおもらしをするが，「おしっこ」を教えるようになる
　「教えてくれてありがとう」とか，「ちゃんといえたんだ。えらいね〜」とほめるのを繰り返す。
⑤ おまるで，おしっこができたら，とにかくほめる
　以上を根気強くやると，最短2週間でおむつがとれる。

家族の心構えがとにかく重要です。

> ① おもらしに関して，絶対に怒って（叱って）はいけない。
> ② とにかくほめる。
> 　少しでも嫌な顔をしたり怒ったりすると，子どもは教えてくれなくなる。
> ③ 垂れ流しになるので，部屋が汚れることと，おもらしパンツを洗うことを覚悟しておくこと。

LESSON 27　3歳児の行動異常と家庭教育の外注

LESSON 28

3歳児クラスのポイント1

自我の目覚めを理解しよう

> **POINT** 自我の目覚めの現象を正しく理解し，対応にはペアレントトレーニングの原則を使おう。また男の子と女の子で違った主張をすることも知っておく。

幼児期の子どもの反抗は大きく分けて3通りあります。

- 1歳半ぐらい・・・やだやだマン（いやだというほうが相手をしてもらえる）
- 3歳半ぐらい・・・自我の目覚め（自分と他人の違いがわかる）
- 5～6歳ごろ・・・一次反抗期（簡単な理屈を習得する練習をしている）

この3つの違いって？　その対応は？

　現象面としては，これらの3つは大分違います。1歳半のやだやだマンでは，何に対しても"やだ"と言い張ります。3歳半の自我の目覚めでは，何でも自分でやらないと気がすまなかったり，自分はこうしたいとあえて主張したりするのが特徴です。

　対処法としては，1歳半にせよ3歳半にせよ，ペアレントトレーニング（PT）の原則を使いこなすだけで十分です。保育士・幼稚園教諭や小児科医をはじめとした子育て支援にかかわる者にとって，1歳半のやだやだマンでの反抗はわかりやすいように思います。なぜなら，子どもが言葉の意味をわからずに話しているのが，丸わかりだからです。

3歳児の"自我の目覚め"

　これに対して，3歳半の"自我の目覚め"では，自分と他人との区別がわかりはじめ自分を優先した行動をとります。たとえば，母が選んだ服ではなくて，自分が選んだ服を着たいと騒いだり，友だちや保護者の主張に対してこうしたいと主張したりします。"自我の目覚め"では，自分の主張の理由付けがはっきりしないのが特徴です。

　ところが，この"自我の目覚め"は子育て支援にかかわる者を含めて，周りを混乱させる反抗のようです。対処法について明確に書かれている書籍が少ないように思います。3歳半ごろに起こる"自我の目覚め"と5～6歳ごろに起こる「一次反抗期」の現象を区別できていないようです。たとえば，自我の目覚めに対して「子どものいい分を聞いてあげましょう」

> ○ **すぐに実行！**
> 自我の目覚めを理解し，楽しんで子育てしよう。

> × **これはNG！**
> 自我の目覚めを心理的問題と考えて対応してしまう。

と解答するアドバイスもあります。この方針はPTの原則の逆なので，子どもの行動が悪化してしまい，診察室を訪れるケースがよくみられます。

　保育士・幼稚園教諭や小児科医をはじめとした子育て支援にかかわる方々には，"自我の目覚め"と"一次反抗期"の現象と対策を詳しく知っておいていただきたいと思います。"一次反抗期"については，**LESSON 35**(p.86)に記してあります。

"自我の目覚め"で起こることって？

　さて，"自我の目覚め"の時期に起こりやすい現象はどんなことでしょうか。家庭内と保育園・幼稚園・こども園といった"子ども集団"とでは，微妙に異なっています。

　家庭内では，保護者に対する甘えもあって，自分のしたいことを好き勝手に並べたてるのが"自我の目覚め"の特徴です。

　男の子では好き勝手なことを話す上に運動量が多くなり，母親では身体的な負担が大きくなってくるかもしれません。いつもは守れている約束を，祖父母の前でわざと破ってみたりします。また，母親にわざと甘えてみせたり，幼い行動をとってみたりもします。

　女の子では好き勝手なことを話すことに加えて，母親を敵視した言動をとることも少なくありません。「女の子は小さくても女」だと，筆者はよくお母さんたちに話しますが，お父さんが大好きなので，お母さんからお父さんを奪い取る行動をとろうとしたり，お母さんの失敗をわざとお父さんに話したりもします。お母さんが選んでくれた服をいやだといって，洗濯中のお気に入りの服を着たいと大騒ぎをしたりもします。

　逆に母親にべったりする子どももいます。たとえば，母親が忙しい時間に限って，遊んでほしいと駄々をこねたりするのも，よくみられることです。また，母親の真似をしようとすることもよくみられます。母親の化粧品をいたずらするのもよい例です。口紅を自分で自分に塗って，"きれいでしょ"と見せに来たりするのも自我の目覚めです。

　このように"自我の目覚め"というのは，天然の"クレヨンしんちゃん"です。まさに同じような行動をとります。マンガのクレヨンしんちゃんは5歳という設定ですが，"自我の目覚め"はおよそ3歳半でやってきます。そして，周囲がしんちゃんのママの"みさえさん"のように明るく振るまえると，自我の目覚めは早く終わります。この意味で"みさえさん"は好ましいです。見習いたいものです。うまく対応できれば3か月程度の経過で自我の目覚めによる反抗は終わります。対応はPTの考え方で十分おつりがきます。PTの考え方に従えば十分です。

LESSON 28　自我の目覚めを理解しよう　69

COLUMN

**クレヨンしんちゃん状態が長く続くときは，
不適切な子育て（幼児教育を含む）を疑え**

LESSON 31 に示すように，"自我の目覚め"が終わると，ルールに従って行動できるようになります。具体的には，友だちと順番にものを使えるようになったり，ルールのある遊び（鬼ごっこなど）を好むようになったりします。しかしながら，知的発達が正常（遠城寺式発達検査表では"対人関係"以外は正常範囲内）なのに，クレヨンしんちゃん状態が続くときがあります。このときには，二つの可能性を考える必要があります。

❶ **一つめは，対応が間違っている場合**

クレヨンしんちゃんのように好き勝手をいうことは，"減らしたい行動"に分類できます。よって，基本的な対応は"相手をしない"工夫になります。そして，好き勝手をあきらめる過程（プロセス）をほめて，次の心理発達段階に進むことになります。子どものいい分を認めすぎたり，説得にかかったりすると，子どもの相手をしてしまうことになり，クレヨンしんちゃん状態が続いてしまいます。

❷ **二つめの可能性は，"自我の目覚め"以前の心理発達課題を習得し終えていない場合**

子どもの発達には順序があります。0歳児の課題として"愛着形成"をおぼえ，1歳児の課題として"がまん"を覚えて生活習慣を身につけ，そして"自我の目覚め"を経験して，ルールに従って行動できるようになります。

0歳児の課題や1歳児の課題の誤習得が起これば，"自我の目覚め"を正しく乗り越えることはできません。これらの誤習得は，愛着形成であったり，しつけの放棄であったりするわけですから，"虐待"にかかわる内容です。発達障害といった本人側要因に加えて，環境要因（幼児教育を含む）が原因かもしれません。ぜひ覚えておきましょう。

"自我の目覚め"を利用する

自我の目覚めの時期には，自分でやることを好みます。このことを利用して，お手伝いをいっぱいさせましょう。1歳児のお手伝いは「ゴミを捨ててきて」のように，一つの指示で一つの行動をします。自我の目覚めがきたら，一つの指示で複数の行動をとるお手伝いをやらせましょう。

あまり教育的ではない内容ですが，筆者は当時3歳の長女に次のように仕込みました。「ビール」と指示すれば，長女はビールを冷蔵庫から取り出し，栓抜きとコップをもってきて，一緒に栓を抜いて，ビールを一緒についで「どうぞ」までです。

さらに4歳児になれば，仲間と協力して行動することも可能になります。係活動と同じで，ある子どもはAの仕事，ある子どもはBの仕事・・・というように分業して一つのことをやり遂げることもわかるようになります。

ちなみに，5歳児クラスでは，自分が年下のクラスの面倒をみてあげることもできるようになります。このことは，5歳児クラスの子どもたちにとって，自分たちがお兄さん，お姉さんであることの誇りになります。このように，お手伝いの一環として，子どもたちに活動させることによって，整理整頓や掃除を教えていくことができます。

LESSON 29 "こっちみて行動"の増加を理解しよう

3歳児クラスのポイント 2

> **POINT** "自我の目覚め"とともに増加する"こっちみて行動"は、かまってほしいための悪い行動である。正しい行動をほめて、なにが正しいか確実に提示することが大切。

さて、"自我の目覚め"がきて、保育園・幼稚園・こども園といった子ども集団で起きやすいことはどんなことでしょうか。それは、"こっちみて行動"の増加です。

"こっちみて行動"とは、子どもが支援者にかかわってほしいばかりに、悪い子どもの行動をまねしてしまう行動です。"かまってちょうだい"という態度表明に筆者にはみえます。悪い行動をする子どもに引きずられて、共鳴してしまって他の子どもも同じ行動をするのも、"こっちみて行動"です。

前の LESSON 28 でも示したように、3歳半ごろに、子どもは自我の目覚めがやってきます。この時期は、子どもが他人と自分との違いに気がついて自己主張をはじめる時期なので、"こっちみて行動"が増えます。すなわち、3歳児クラスでは、保育士・幼稚園教諭が正しい対応をしていても、"こっちみて行動"が認められやすい時期なのです。

"こっちみて行動"への対応は？

さて、"こっちみて行動"の対処はどのようにするのでしょうか。家庭と同様にペアレントトレーニング(PT)の手法を使います(→ LESSON 15, 22, 23 〈p.34, p.50〜55〉)。

PTでは、子どもの行動を表29-1のように3つに分けて対応します。

表29-1 ペアレントトレーニング(PT)の手法による子どもの行動と対応

子どもの行動	支援者の対応
増やしたい行動	ほめる、かかわる
減らしたい行動	相手をしない、行動が変わるのを待つ
絶対に許せない行動	すぐに止める、好ましい行動を指示する

上記に示す原則を守ることはとても大切です。もう一度 LESSON 15, 23 (p.34, p.53) をお読みください。"こっちみて行動"が増える3歳児クラスでは、クラスの中が「減らしたい行動」のオンパレードになっています。よって、何が正しいのかを確実に提示することが大切です。ほめるかたちでのチェックが大変有効です。"こっちみて行動"が増える3歳

⭕ すぐに実行！♪	❌ これはNG！
よい子が得をするクラスを作ろう。	"こっちみて行動"をする子どもばかりが先生に相手をしてもらえる。

児保育・幼児教育で気をつけたいことは，<u>学級経営を優先させること</u>です。

3歳児クラスでは，学級経営を優先する

「学級経営（集団指導）は，個別指導に優先させる」とは，簡単にいえば，<u>よい子が得する</u>というルールです。1人の子どもが駄々をこねて，先生を独占しようとしても，先生はお利口さんをしている大多数の子どもを優先して相手をするのです。図29-1 をみてください。

❶　みんなが並んでいるのに，押しのけて横入りをする子どもに対して，×な対応では順番を守らない子どもが，サブの先生に先に相手をしてもらえています。つまり，順番を守らな

【×な対応】

「できた〜！みて〜！」

「順番を守って！」

【○な対応】

順番を守っている子どもが呼ばれる

「○○くん、いらっしゃ〜い！」

身振りでも呼びかける

【さらに○な対応】

「順番を守れてかっこいいね」

視線でほめる

図29-1　3歳児クラスの学級経営のコツ

72　3歳児クラスのポイント2

い子どもが得をしてしまっています。

❷　これに対して、○な対応では周りの子どもが優先されています。サブの先生が、順番を守らない子どもの妨害から、順番を守っている子どもをかばってくれています。そしてリーダーの先生も順番を守っている子どもを優先すると明言しています。

❸　さらに○な対応では、順番を守れてかっこいいと全体に呼びかけて、ルールを一言で、明確に示しています。さらにルールを破った子どもがしぶしぶ従ったところを、サブの先生がほめています。サブの先生は「努力をほめる」を実践しているのです。サブの先生は同じ言葉でほめています。同じ言葉をかけてもらえることで、子どもにはわかりやすくなります。**LESSON 24**「何でも一言で提示しよう」(p.56)を守った実践です。このようにして、"こっちみて行動"を抑制していきます。

4月が一番大切

　学級経営を優先するのは、年度当初が一番大切です。誰でも、初対面のときの印象でその人をイメージします。年度当初の先生の行動が、印象づけられるのです。「黄金の3日間」と称する先生方がいるほどです。

　新たに担任と出会った子どもたちは、この担任がどのように自分を扱うかを興味をもっています。よい子どもは先生に従おうとしますが、環境上の問題を抱えた子どもは、先生を試す行動に出ることが多くみられます。このときに、PTの原則を守って先生が行動できると、"こっちみて行動"は次第に減少していきます。それに対して、PTの原則を守らずにいると、次第に"こっちみて行動"が周りの子どもにも増えていきます。

　一般的に4月にクラスの状況がおかしくなっても、たいした問題には発展しません。また5月に小さなトラブルがあっても、まだ心配はいりません。しかし6月から7月に向けてクラスの状況が悪化するときには、大きな問題が潜んでいることが多いようです。

　大きな問題とは、①PTの原則とは逆のことをしている、②保育園・幼稚園では、複数の担任の意見が異なっていて、ばらばらな対応をしている、③問題を抱えた子どもの数が多すぎて、担任の能力を超えている、④クラス内の環境作り(→ **LESSON 21**〈p.48〉)に失敗している、⑤その他、本書で示した原則を守っていないなどがあげられます。

LESSON 30 女の子の力を借りよう

3歳児クラスのポイント3

> **POINT** 女の子のよい特性を見つけて味方につけ，学級経営に活かしていこう。

"自我の目覚め"がはじまるころから，「女の子は小さくても女」という性質が出てきます。大人相手であっても戦いを挑みます。(→ LESSON 28 〈p.68〉)

このようなことは保育園，幼稚園，こども園でも起こり得ます。保育士や幼稚園教諭が子どもから敵として認定されてしまうかもしれません。だから，うまく味方につけましょう。

CASE 7　3歳児クラス　女児Cちゃん

> 3歳児クラスは，経験豊富なベテランA先生（40歳台の女性）と若い女性の先生B（24歳）で指導されています。4月から入園してきたCちゃんは引っ込み思案で，なかなか周りの子どもになじめずにいました。半年たっても周りの子どもと積極的に遊ぶことはせず，ぽつんとしていることがよくあります。特定のやさしい男の子とは遊びますが，ほかの子どもとのやりとりはあまりありません。ベテランのA先生を慕って後追いばかりしています。

ベテランのA先生はティーム・ティーチングで主たる指導者を担うことが多く，Cちゃんの相手ばかりをしているわけにはいきません。B先生がCちゃんの相手を担当することが増えました。ところが，CちゃんはB先生にもなかなか慣れず，ベテランのA先生を追いかけることがむしろ増えていきました。

クラス経営やCちゃん個人の問題などいろいろな意味で指導上の問題が出てきたので，遠城寺式発達検査表でチェックしましたが，暦年齢と比較して基本的習慣の項目で数か月の遅れがみられるだけで，はっきりとした異常はありません。Cちゃんには父母と2歳上の姉がおり，家庭では特に引っ込み思案というわけでもありません。姉や姉の友だちとも普通に遊んでいるようです。

こんなCちゃんの行動を解く鍵を，実はB先生がもっていました。B先生の服装や外見について，Cちゃんはいろいろな話をしているのです。「B先生，今日の口紅，濃いよ」「靴下，子どもっぽいよ」「エプロン，似合ってない」「髪の毛，とびはねているよ」などです。B先生からみれば，Cちゃんはさぞかしかわいげのない子にみえたことでしょう。

「女の子は小さくても女」「3歳の課題は自我の目覚め」のふたつを知っていれば，Cちゃ

○ すぐに実行！	× これはNG！
学級経営上，女の子は緩衝材として利用できる。	よくけんかをする男の子同士を仲がよいと勘ちがいする。

んの発言は単なる"こっちみて行動"と理解できます。「靴下，子どもっぽいよ」というのは，自分の靴下が「お気に入り」だと伝えたかったです。つまり，Cちゃんは**若くてきれいな**B先生に自分を認めてもらいたかったのでした。

B先生にCちゃんの話す意味を解釈し直してもらい，ほめてもらいました。B先生のおかげで，数か月後にはCちゃんは保育園でも家庭内と同じように行動できるようになりました。

一次反抗期が目立つ4歳児クラスのときも，CちゃんはB先生の指示だけは一も二もなく率先して行動し，周りの子どもたちをさそってくれていたそうです。B先生への絶大なる信頼は小学校にはいった今も続いているそうです。

このCちゃんの事例は，筆者にたいへんな驚きを与えたと同時に，きちんと記録をとっていたB先生にも感激したのを今でも覚えています。今にして思えば，何らかの事情でCちゃんが心理的に不安定な状況にあったのかもしれませんが，3歳児といえども"女の子"として扱い，接することが大切であることを教えてくれました。

　　　　　＊　　　　　　＊　　　　　　＊

さて，表題に「女の子の力を借りよう」と書きましたが，3歳児クラス以降では，学級経営上，女の子はいろいろな役割を果たします。

まず，**クラスの子どもたちの緩衝材的な効果**です。男の子だけを集めておくと，必ずといっていいほどけんかに発展してしまいます。男の子の集団に，数人でも女の子が入ると，けんかが起きにくくなります。特に，環境上の問題がある子どもが多いときには，設定保育やお弁当，おやつといった活動の時に，男の子同士が隣り合わないようにしておく（図30-1）とよいようです。男の子が多くて，女の子が足りないときには，指導者が女性であれば，指導者自身が女の子の位置にいるとよいでしょう。

また，**クラスメンバーが協調的に行動することが望ましい場面では，女の子が引き立つように指導すると**よいようです。男の子は，どちらかというと，自分が目立つように行動してしまう傾向があるからです。逆にいうと，女の子にリーダーシップをとらせ，活躍するような行動をさせたいときには，仲のよい女の子同士に同じ行動をするように指示するほうがうまくいくようです。

このLESSONの目的は男の子の力を借りてはいけないということではありません。女の子の活躍の仕方を考えましょうということです。

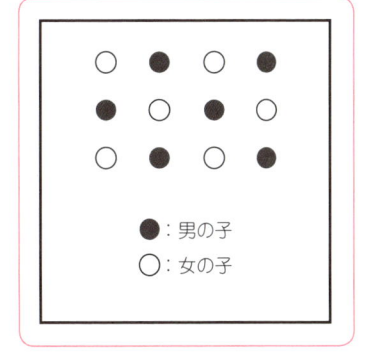

図30-1 **女の子を活用した子どもの配置**

●：男の子
○：女の子

LESSON 31 ルールのある遊びを活用する

3歳児クラスのポイント 4

> **POINT** ルールのある遊びで，子どもの発達障害や虐待など不適切な扱いを受けていないかを発見できる。早期の発見，治療のためにしっかりと観察しよう。

　LESSON 28「自我の目覚めを理解しよう」(p.68)では，"自我の目覚め"について説明してきました。この"自我の目覚め"の時期を通り過ぎると，子どもたちは簡単なルールがわかって行動できるようになります。

　遠城寺式発達検査表の3歳8か月の項目に「友だちと順番にものを使う」，4歳0か月の項目に「母親にことわって友だちの家に遊びに行く」，4歳4か月の項目に「ジャンケンで勝負をきめる」などが，まさに，簡単なルールがわかって行動できる例です。

　子どもたちの遊びも，この時期に大きく変化します。単なるごっこ遊びから，ルールのある遊びへと変わっていきます。

遊びが変化するって？

　3歳児のごっこ遊びは，集団で行うひとり遊びの側面があります。筆者の長女が幼稚園に入りたてのころに，布を頭からかぶり，ずるずるとひきずって歩いて"お姫様ごっこ"をしていました。周りの子どもたちが男の子，女の子によらずに流行したと聞きました。男の子も女の子も誰もが"セーラームーン"になっていたようです。

　これが4歳も半ばになると，全員が"セーラームーン"ではなくなります。きちんと配役ができてきます"セーラームーン"だけではなく，"セーラーマーキュリー"や"セーラーちびムーン"，"タキシード仮面"，そして悪役も出てくるようになります。この時期のごっこ遊びは，けっこう残酷です。特定の子どもが特定の役割を独占します。"かっこいい"配役を順番にしたり，交換したりできるのは，4歳児クラスにはいってからです。

　このように，ルールのある遊びを楽しむのは，4歳の誕生日を過ぎてからです。すなわち，3歳児クラスの間に，遊びの質が変わります。2歳児クラスの遊びはひとり遊びを集団でする形ですが，3歳児クラスになってしばらくすると，ルールのある集団遊びが主流になってくるのです。

特別支援教育が必要な子どもが少しずつ見えてくる

　3歳児クラスも後半になると，2歳児クラスでははっきりしなかった通常学級がふさわ

○ すぐに実行！	✗ これはNG！
ルールのある遊びの中で気になる子どもをみつけよう。	気になる子どもは発達障害だと思い込む（環境の問題でも行動異常が現れる）。

い特別支援教育が必要な子どもの行動上の異常がはっきりしてきます。本項でふれた"ルールのある遊び"ができる/できないこともその例です。

　たとえば，通常学級における特別支援教育が必要な子どもでは，周りの子どものまねをして行動することが目立ちます。だから，じゃんけんをするときに周りのまねをしようとしている結果として，後出しになってしまいます。また，じゃんけんで負けても，鬼ごっこの鬼として行動できません。周りの子どものまねをしようとするので，鬼ではなく逃げるほうにまわってしまい，周りの子どもに嫌われてしまいます。

　また，軽度発達障害がある子どもでは，どちらかというと粗大運動の遅れより微細運動障害や協調運動障害（→ **LESSON 37**〈p.92〉）が目立ちます。すなわち，弾むボールをつかんだり，スキップをしたり，なわとびをするのが苦手であることが多いのです。これらのことも，3歳児クラスの後半ないし4歳児クラスになって，周りの子どもとうまく遊べない要因になっています。

　このようなときには，指導者が特別な支援を要する子どもの手本として，率先して行動しましょう。言って聞かせるのではなく，**してみせましょう**。

　筆者の経験では，よい保育・幼児教育がなされて，医療と教育・保育との連携がなされている地域では，この時点で早期診断・治療がなされます。この時期から治療的介入がなされて，家庭，保育・教育，医療の連携のもとで必要な支援が受けられた子どもでは，就労予後は発達障害がない子どもと同程度のようです。

　　　　　　＊　　　　　　　＊　　　　　　　＊

　近年，筆者が外来をしている病院も含めて，問題となっていることは，発達障害がある子どもだけではなく，環境要因（≒虐待）によって行動上の問題をかかえて病院を訪れる子どもが増えていることだと思います。杉山登志郎氏が「子ども虐待という第四の発達障害」（2007年，学研）で示したように，発達障害による行動異常と虐待によって作り出された行動異常とが，操作的な診断基準（チェックリストなどによる評価）では区別がつきません。治療的介入に対する反応を含めた経過観察によって区別がつくのです。

　発達障害がある子どもだけでなく，虐待（不適切な扱い）によって，しつけられていない子どもも"ルールのある遊び"ができません。しかしながら，よい保育・幼児教育は，"発達障害だけの子ども"と"虐待によって作り出された子ども"とを区別できます。なぜなら，集団を対象としたよい保育・幼児教育は，ユニバーサルデザインを考慮すれば発達障害の子どもを伸ばすことができますが，虐待による行動異常では，個別的な対応によって"愛着形成"を学び直さないと，すなわち0歳児のやり直しをしないと，行動がよくならないからです。

LESSON 32

4歳児クラスのポイント1

4歳児クラス特有の事情を知ろう

> **POINT** 4歳児クラスは前半と後半で相反するような経過をみることになり，戸惑いをおぼえるかもしれない。行動異常が目立ってくる時期でもあり，より注意が必要。

　4歳児保育・幼児教育は，保育士および幼稚園教諭にとって，不完全燃焼になりやすい時期です。なぜなら，保育・教育による行動改善を感じにくい時期だからです。前のLESSON 31で示したように，4歳児クラスの前半はルール遊びを習得する時期です。よって子どもの行動がよくなっているように感じられる時期のはずです。

　ところが，4歳児クラスの後半はLESSON 35（p.86）に示す一次反抗期がはっきりしてくるころです。よって，4歳児クラスの担任は1年を通してみて不完全燃焼のような感覚になりやすいのです（図32-1）。

　以上に示した理由以外にも，4歳児クラスの担任が苦労する理由があります。それは，3歳児クラスでは，まだわかりにくかった，**通常学級における特別支援教育が必要な子どもの行動異常が目立ってくる**からです。なお，保育や幼児教育の質が低いと，通常学級における特別支援教育が必要な子どもの行動異常は見出せません。文部科学省が示しているように，通常学級における特別支援教育が必要な子どもは6.5％存在します。逆にいうと，特別支援学級・学校に進学する子どもを引き受けている施設であれば，10％程度の子どもが対象児に

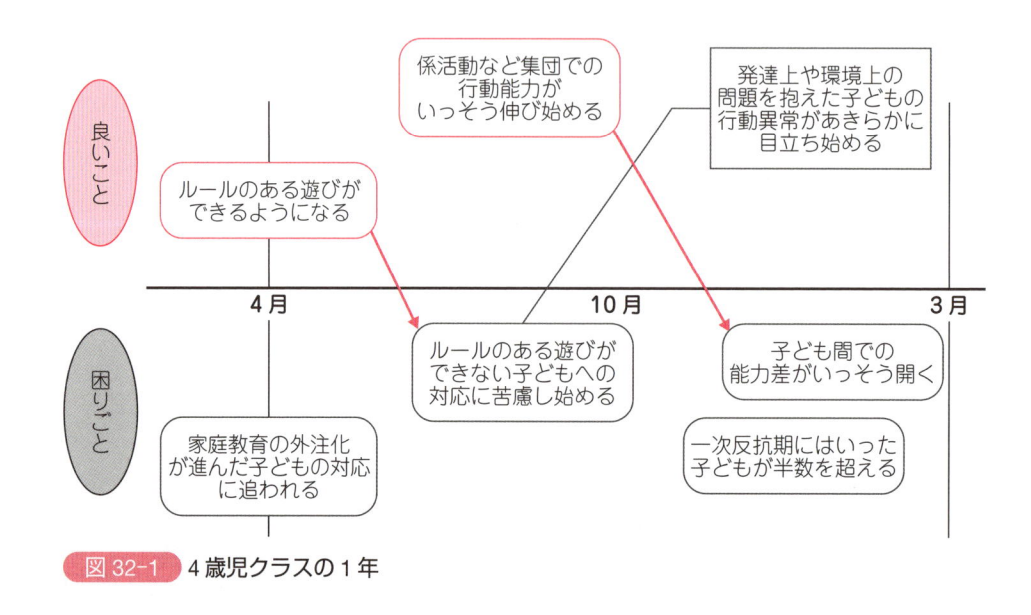

図32-1 4歳児クラスの1年

良いこと:
- ルールのある遊びができるようになる
- 係活動など集団での行動能力がいっそう伸び始める
- 発達上や環境上の問題を抱えた子どもの行動異常があきらかに目立ち始める

困りごと:
- 家庭教育の外注化が進んだ子どもの対応に追われる
- ルールのある遊びができない子どもへの対応に苦慮し始める
- 子ども間での能力差がいっそう開く
- 一次反抗期にはいった子どもが半数を超える

（4月 / 10月 / 3月）

○ すぐに実行！	× これはNG！
愛着形成の課題がある子を見逃さない。愛着形成を再習得させる支援はむずかしいが，ここで保育の力を発揮する。	家庭教育の外注化に加担してしまう。

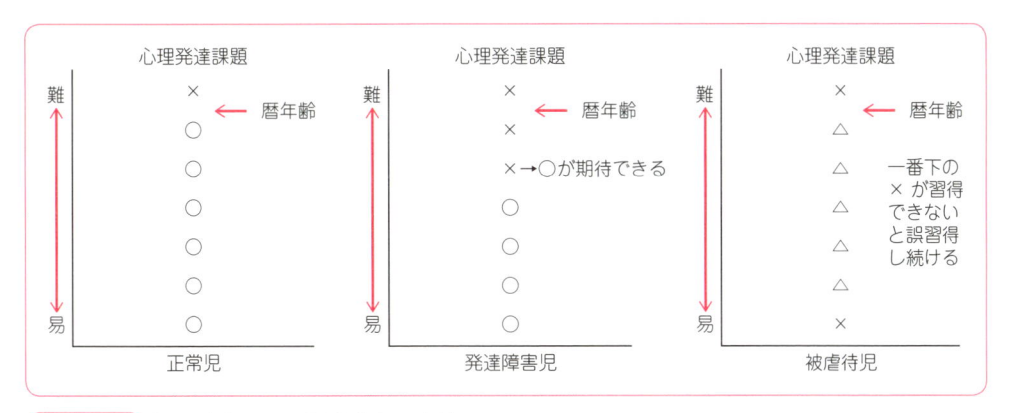

図 32-2 心理発達課題と発達障害・虐待

なるはずです。適切な指導や教育ができていない施設では，当施設には対象児がいないと答えていることかと思います。

虐待の問題を念頭におく

さらに加えて，最近は大きな問題があります。それは虐待の問題です。発達障害による行動異常がある子どもの場合は，発達が遅れても，遅れているなりに発達していきます。ところが，虐待によって行動異常が作られている子どもの場合は，時が経つにつれて行動異常が悪化していくのです。なぜなら，発達は一定の順序に従うからです。虐待による行動異常の原因は愛着形成に問題があるからです。そして愛着形成は0歳児の課題なので，0歳児の課題に失敗した被虐待児は，その後の課題をことごとく誤習得せざるを得ないのです。

心理発達課題の誤習得って？

図 32-2 で，○は獲得したスキル，×は未獲得のスキル，△は誤習得のスキルを示しています。発達障害上の問題をかかえた子どもは遅れがあっても，適切な支援があれば発達することが期待できます。

一方，虐待を受けている被虐児の場合は，対人関係の根幹である愛着形成の課題を失敗しているので，その後の課題をことごとく誤習得せざるを得ないのです。この修正のためには，愛着形成の課題があることに支援者が気づき，愛着形成の課題を再習得させる困難な支援を行わないと，このままなのです。

（註：自閉症スペクトル（自閉症・アスペルガー症候群）の場合は，**LESSON 44**〈p.108〉を参照）

このように，4歳児クラスでは，発達障害の問題に加えて，近年増加している虐待の問題

が明らかになっているのです。さらにいえば，LESSON 27（p.66）に示したおむつの課題にあるように，20年前なら明確な異常が"多数派"を占めかねない社会状況があるのです。一言でいうと，家庭教育の外注化の課題*があるのです。現況でやれることは，家庭教育の外注化を食い止める方策を推し進めることだけです。

　さて，4歳児クラスの課題に戻りますが，後半では一次反抗期の問題がクラスに降りかかってきます。一次反抗期の課題は子どもが発達するための必須の課題です。詳細と対策はLESSON 35（p.86）でふれます。

COLUMN　家庭教育の外注化と幼児教育

　ここ数年の保育園・幼稚園をみていて思うことは，家庭教育の外注化の課題を保育園・幼稚園が利用しているように見えることです。一部の保育園・幼稚園が，子どもの発達にふさわしいことではなくて，保護者の虚栄を満たすための施策を行っているようにみえるのです。

　たとえば，A市の私立保育園は，子どものプライドをみんなの前で傷つけないために，子どもに注意を与えるときには，別室で個別的に行うのだそうです。このことは，必要な支援を個別的に行うこととして広報され，保育園の宣伝になっているようです。

　しかし，子どもの保育園理解は全く異なるようです。外来で患児が次のように教えてくれました。「ボクが悪いことをしたり，失敗したりすると，お仕置き部屋につれていかれるんだよ。そこで，叱られて，いじめられるんだ。いいわけも聞いてもらえないし，保育園に行きたくない」と。

　この患児と一緒に外来に来た保育士は，筆者が止めるまで，患児と保護者を叱りつけていました。

---

*家庭教育の外注化の課題を，日本社会が解決していく最適解が何なのかは，筆者にはわからない。少なくとも家庭教育の外注化を進めて，経済成長を維持している国を筆者は知らない。家庭教育の外注化が進めば，そのコストをどこかが負担する必要がでてくるからある。GDPの増加率が減少し，経済活動が海外に移転している状況の中で，日本国内でこの外注化に対するコストを吸収する余地があるのだろうか？

LESSON 33　役割分担をもたせよう

4歳児クラスのポイント 2

> **POINT** 4歳児には役割を与えて協力することを体験させよう。それと同時に年長の子どもの役割を理解し受け入れるという体験も必要なこと。

　遠城寺式発達検査表にあるように，4歳8か月では90%の子どもで「砂場で二人以上で協力して一つの山を作る」ことができるようになります。
　つまり役割分担をして協力しながら，行動することが可能になるわけです。4歳児クラスでは，このことを取り入れて体験させる工夫が必要です。たとえば，朝の会でお当番さんが，先生の代わりにあいさつをするといった活動をさせましょう。
　4月の時点では4歳児クラスに4歳0か月児から4歳11か月児がいるわけですから，当初は役割分担をして協力しながら，何かをすることはむずかしいかもしれません。役割分担をもたせながら何かをさせるのは，年度末までの目標といってよいでしょう。
　最初は，同じことを何人かで行うようにしましょう。加えて，指導者の指示がけを含めた助けが必要です。
　実際に，大崎市古川の公立保育園で園児にさせていることの一覧を表33-1に示します。これらはあくまでも目安で，クラスのまとまりがよいときには，半年程度早めに開始する場合もあります。また指導者がいっしょにしてみせることで，さらに早くから練習できているクラスもめずらしくありません。

5歳児を，みんなの憧れの対象にしよう

　ここで一つ大切なことがあります。
　保育園・幼稚園・こども園で最年長児である5歳児が，下の年齢の子どもたちからみて，あこがれになるように仕向ける（→ LESSON 37〈p.92〉）ことです。5歳児の役割や仕事と指導者全体で決めたことは，4歳児以下の子どもたちにさせてはなりません。たとえ，下の子どもたちがうまくできるとしても。これにはいくつかの理由があります。
❶　一つめには，先輩と後輩の関係を前もって経験させておくことです。たとえば，小学校にはいってから，上級生のいうことに逆らえば，あまりよいことはありません。上級生が悪いことをしているときには，先生に報告するといった行動がよいわけで，何の恐れもなく上級生を直接非難することは，好ましくありません。
❷　二つめには，小さい子をいたわる経験を5歳児にさせたいからです。そして，それを受

> ○ **すぐに実行！**
> 朝の会で，お当番さんが先生の代わりにあいさつをするといった役割分担をもった活動をさせる。

> × **これはNG！**
> 園児から活動の場をうばって先生が何でもしてしまう。

表33-1　意識して子どもにさせていること

2歳児クラス （後半から）	お昼寝時のバスタオル，タオルケットをたたむ パジャマたたみも保育士に手伝ってもらいながら練習する お昼やおやつなどのときの，自分のいすの片付け
3歳児クラス	ふとんたたみ，パジャマたたみ 自分でおしぼりをぬらして絞る（乾いたタオルを自宅から持参） ぞうきんがけ（粗大運動・協調運動の練習として） 当番活動として，あいさつ，簡単な保育士のお手伝い（台ふきや足ふきマットを運ぶ，洗い物を用務の先生にお願いする（図33-1）など）
4歳児クラス	テーブル拭き，ゴミ捨て 係活動として，おやつの配膳（牛乳など密封されている物），汚れ防止のための制作時のテーブルシートを敷く，1歳児クラスのお手伝い（ふとんたたみ，手洗いの補助，エプロンを掛けてあげるなど）
5歳児クラス	下駄箱そうじ（図33-2），廊下のモップ掛け，2歳児クラスのお手伝い（お昼寝後のふとんたたみ，おしぼりを絞る，たたむなど），4歳児クラス未満のゴミ捨て，外の遊具を片付ける，保育士と遊びながらプール掃除（ぬめりをぞうきんで拭くなど） 先生のお手伝い（掃除機を使用したり，安全なところの窓ふきなど）

け入れる体験を4歳児にさせたいからです。前のp.81で示したように，4歳8か月になって，やっと協力することを覚えるので，5歳児のしていることの意味がわかるわけです。

❸　三つめには，自分が成長することへの期待を"自明のこと"にしておきたいのです。はっきりいうと怠学型不登校の予防です。怠学型不登校とは，学校という面倒なところに行くより，家でのんびりしたり，遊んでいたり，楽をしたりして快いと感じている不登校をいいます。怠学型不登校では，学校に行かねばならないという思いはあまりありません。このパターンの不登校は近年増加傾向にあり，大学生にも，このタイプの学生がいます。

　この傾向を内田樹教授は，「下流志向―学ばない子どもたち　働かない若者たち（講談社）」（2007年）という本でうまく説明しています。近年の子どもたちは，労働を経験する前に消費者としての経験を積んでしまうのだそうです。だから，自分の努力という労力にふさわしい成果が得られないようなら，労力をかけないというのです。確かに，消費者は，支払金額に対してふさわしい結果が得られなければ，他の商品を選びます。つまり，できるだけ労力をかけずに，より大きな成果を得ようとするというのです。できることなら怠けて何もしないことを正当化したい子ども（場合によっては保護者も）が増えているという主張は，わかりやすいように思います。

図 33-1　3歳児のお手伝い
先生と一緒にタオルを用務の方に持っていき「おねがいします」と言って渡す。新しいタオルを受けとってきて，トレーに敷く。

図 33-2　5歳児のお手伝い
下駄箱を小さなハケとちりとりでおそうじする。

COLUMN　障害がある子どもの弟・妹に関して

兄や姉が明確な障害がある場合に，弟・妹に過大な期待がよせられ，また兄や姉を世話するように保護者が行動する場合があります。期待が大きすぎると，弟や妹が社会的なトラブルを経験しやすくなることに注意しましょう。なぜなら，自分より年上の者に対する遠慮がなくなってしまうからです。また，保護者の期待にこたえようとするあまり，自分の悪い結果を隠そうとし，保護者に嘘をつくことを覚えてしまいます。

LESSON 33　役割分担をもたせよう

LESSON 34 男の子の運動発達を知ろう

4歳児クラスのポイント 3

> **POINT** 4歳児の男女差で一番大きいのは運動能力の違い。女性の保育士・幼稚園教諭や管理職は，その違いを考慮して日々の対応を考えて，ときには可能な人員の対処が必要。

　4歳半を越えると，男児は瞬発力の点で，女性の保育士や幼稚園教諭より，はっきりと勝ってしまいます。簡単にいうと，4歳半を越えた男の子が本気で走りはじめると，20歳台の若い方はともかく，女性の方々は簡単には追いつけないのです。また，4歳半を越えると，男の子が本気を出して，「えい」とやったときに，先生方のほうがふっ飛んでしまうかもしれないのです。

4歳半を超えた男児は瞬発力が高い

　若い先生方なら大丈夫かもしれませんが，30歳台の先生方は体力的にだいぶ苦しくなります。このことが何を意味するかというと，4歳半を超えた男の子たちは，女性の保育士，幼稚園教諭やお母さんと遊ぶときは，かなり手加減して遊ぶのです。だから，男性保育士やお父さんがいると，4歳半を超えた男の子たちは大喜びなのです。なぜなら，彼らが全力を出して遊んでも，男性保育士やお父さんはだいじょうぶだからです。男性保育士にとって，4歳半の子どもと身体を使って遊ぶことは，赤子の手をひねるがごとく簡単なことなのです。片手で止められます。筆者はすでに50歳台ですが4歳半の子どもの相手が苦しくなっていると思ったら大間違いで，片手で十分です。

　保育園の先生方が4〜5歳の男の子の相手をしてヘトヘトになりながらがんばって保育している現実を筆者も知っています。時には，発達障害に加えて家庭内の問題を抱えている子どもが，保育士の先生方をかじったり蹴飛ばしたりして，先生方がけがをしながらも保育していたことがあります。本当に保育園の先生方はよくやってくれたと思います。実際に，保育士をなぐり，かじり，蹴飛ばしていた男の子が，今では高校を卒業して立派な社会人になっています。彼が高校時代にコンビニでアルバイトをしていたところ，保育園のときの先生に偶然出会ったそうです。その先生が自分の姿を見て涙ぐんだのをお母さんに話したところ，保育園で暴れていたことを聞かされ，それ以来，彼は保育園の先生に頭が上がらないそうです。

　繰り返しますが，男の子は4歳半を越えると，大人の女性の瞬発力を越えています。元気

> **すぐに実行！♪**
> 4～5歳児クラスでは，男児の瞬発力を考慮して，男性が担任することが望ましい場合がある。

> **すぐに実行！♪**
> 管理職は瞬発力の男女差を知識として覚えておく。

がいい男の子が多い4歳児クラス（あるいは5歳児クラス）に，男性を担任として活用することも考慮したほうがよいかもしれません。このことを保育士や幼稚園教諭は覚えておいたほうがいいでしょう。特に管理職や行政職の方々はぜひ知識として，覚えていてください。

COLUMN　幼稚園の男の子と小学3年生の女の子の運動能力の差

　瞬発力の男女差を，昔の筆者はわかりませんでした。宮城県にあるみちのく杜の湖畔公園では直径1mぐらいの大きなボールで遊ぶことができる広場があります。幼稚園ぐらいの男の子がお父さんと蹴飛ばしあって遊んでいるのです。上の娘が「やりたい」というので，一緒に遊んでいたのです。小学校3年生の娘は，学年にしては体格がよかったので，ごく普通にボールを蹴飛ばしてやったのです。そうしたら，娘はボールを正面から受けとめて，そのままひっくり返ってしまいました。筆者はびっくりしました。まさか娘がふっとばされるとは思ってもみなかったのです。妻には怒られるし，娘は倒れています。「見てごらんよ。幼稚園の子どもでさえ，ちゃんとやっているのに。大丈夫だと思ったんだ」と筆者はいいましたが，「男の子と女の子は違うんだから」と，妻に叱られました。しかし，本当に全く違うのです。女の子がこんなに弱いと思わなかったのです。まさか幼稚園の男の子よりはるかに大きな女の子が，あんなボールで倒れるとは思わなかったのです。それぐらい女の子の瞬発力は弱いのです。

LESSON 34　男の子の運動発達を知ろう

LESSON 35 一次反抗期はよいこと

4，5歳児クラスのポイント 1

> **POINT** 一次反抗期は成長の一過程で，悪いことではない。対応には PT の原則の応用が必要である。

　4歳児クラスの後半になると，大人顔負けの屁理屈をいう子どもが増えてきます。3歳半ごろのクレヨンしんちゃん時代（自我の目覚め）と異なり，ところどころ正しい屁理屈をいうのが特徴ともいえます。

　たとえば，母：「ごはんができたから，いらっしゃい」に対して，子ども：「やだ」というのは，1歳児（やだやだマン）でも3歳児（自我の目覚め）でもありそうです。これに対して，母が「どうして？」と聞くと，3歳児は答えられませんが，4歳児になると，本人なりの理由を少しずつ答えられるようになります。この反抗がさらに進むと，

10か月：	万能文
1歳：	一語文
2歳：	二語文
3歳：	三語文
4歳：	てにをはの習得
5歳：	文をつなげる

図 35-1　言葉の発達

子ども：「いま遊んでいるんだから，ごはんは後で」と明確に本人なりの理由をつけて，答えるようになります。このような特徴は，言葉の発達でとらえるとわかりやすいようです（図35-1）。

「てにをは」を覚えた後に，単語をつなげて文にする練習がはじまる…一次反抗期

　10か月の子どもの言葉は，なんでも「ママ」の一語ですみます。万能文といい，ごはんもおかあさんも何もかも「ママ」です。単語の数が増え，単語を積み重ね，「パパ　会社　行った」のように三語文を話せるようになると，だいぶ会話が成立するようになります。そして，「てにをは」を覚えると文としては完成します。この後には文をつなげることを練習しはじめます。これが"一次反抗期"です。

　練習をしている時期なので，つなげ方は間違うことも多い状況です。周りが言うことを，状況判断もしないで真似ているのです。何かをしなさいといわれても，大人が忙しいときには「いま＊＊＊＊しているから，＊＊＊＊は後で」というだろうと思います。たとえば，「いま，先生と電話しているから，おやつは後で」などです。これを，子どもなりにまねたのが「いま遊んでいるんだから，ごはんは後で」です。

　さて，このような状況で，どのように対応したらよいのでしょうか。

> **○ すぐに実行！**
> 「にっこりわらってよい子は――するのよ」が一次反抗期には有効。

> **× これはNG！**
> 理屈をいっても，4歳児は理解できない。説得しようとして事態を悪化させてしまう。

表 35-1 ペアレントトレーニング(PT)の手法による子どもの行動と対応

子どもの行動	支援者の対応
増やしたい行動	ほめる，かかわる
減らしたい行動	相手をしない，行動が変わるのを待つ
絶対に許せない行動	すぐに止める，好ましい行動を指示する

詳しくは，→ **LESSON 23**「対応の基本を知ろう」(p.53)

　表35-1のペアレントトレーニング(PT)の原則で考えてみましょう。子どもの行動を"減らしたい行動"ととらえれば，相手をしないで行動を無視することになります。確かに行動を無視していれば，いずれ「ごはんを食べにくる」でしょう。偶然，従ってくれたときに，もっとほめてあげれば，すぐにごはんを食べにきたほうがよいことに気がついてくれるでしょう。

一次反抗期の対応のコツ

　よりよい対応は，"理屈をいう練習をしていること"は，増やしたい行動と考えて，かかわってあげる方針です。子どもは文と文をつなげる練習をしています。つまり文と文のつなげ方はわからないし，正しい理屈もわかっていません。したがって，こちらが文と文をつなげて説明しても子どもは理解できません。このことを利用して相手をするとしたら，なんといえばよいのでしょうか。

　よくある失敗は，こちらが説得にかかることです。子どもは理解できないので，PTの原則通りにどんどん理屈をいうようになります。

　「いま，遊んでいるからごはんはあとで」と子どもにいわれたときに，「ごはんが冷めてしまうとおいしくなくなってしまうから，早く食べよう」と説得にかかるのがよくある失敗です。子どもから「冷めたらレンジでチンしたらいいでしょう」などといわれるのが落ちでしょう。「冷めたらレンジでチン」は正しいので，いわれた私たち大人のほうが，頭にきてしまいます。このような反抗を一次反抗期というのです。

　先の例では，「だから(しまうから)」が入っているのが，失敗の原因になっています。「だから」をいわなければいいのです。ほめてしつける意味で，次のようにします。

LESSON 35　一次反抗期はよいこと　87

❶　100点の対応：　ほめておだてる作戦

> ①　にっこり笑う。（まず，ここがむずかしいかも）
> ②　「いい子はすぐにごはんを食べるのよ」と言う。
> ③　「園子ちゃんはいい子にできるよね」とだめ押しをかける。
> ④　子どもが言うことを聞いたところで，さらにほめる。

　このようにおだてて調子に乗らせてやらせる。そしてほめる。この繰り返しをがんばってやります。家庭と協力してがんばると，一次反抗期は３か月ぐらいで終わります。

　ちなみに，注意欠陥多動性障害があっても，医療との連携で服薬を開始している子どもなら，一次反抗期は３か月で終わります。

❷　80点の対応：　PTの原則に従う

> ①　子どもの発言にとらわれず，「ごはんの時間だよ」と言い続ける。
> ②　いやいやでも「ごはん」を食べようとしたら，ほめる。

　前ページの表35-1に従い，減らしたい行動（屁理屈を言う）には相手をしない作戦です。この原則だけでも，一次反抗期は無事に乗り越えられます。

　ただし，❶に比べると，反抗している時間が長いように思います。およそ半年ぐらいでしょうか。

❸　60点の対応：　結論だけ伝える

> ①　怒りながら，「ごはんの時間だよ」と言う。

　この方針でも，最悪の事態には至りません。なぜなら，「いま遊んでいるから，ごはんは後で」という子どもの主張に，明確に「ＮＯ」と答えているからです。およそ１年程度かかりますが，一次反抗期を乗り越えるようです。

❹　赤点の対応：　子どもを説得にかかる。言い諭そうとする。

　この方針では，子どもの主張につきあってしまっています。ＰＴの原則と正反対なので，子どもが言い争うことを覚えてしまう可能性が高いといえます。一次反抗期が長引き，小学校に入っても，趣旨を説明しても行動できない子どもになる可能性があります。このような子どもが増えたことが小一プロブレムの原因の一つとされています。

　　　　　　＊　　　　　　＊　　　　　　＊

　上述の❶あるいは❷の方針でも，一次反抗期が長引く場合には，一次反抗期以前の心理学的な課題を習得できていない（→ LESSON 28 ＜p.68＞），発達障害の存在，不適切な子育て（虐待），あるいは，メディアの問題などがあるのかもしれません。

LESSON 36 メディアの害が目立つのは4歳児以降

4，5歳児クラスのポイント2

> **POINT** メディアによる影響は，幼いころから放置されることで重症化する。治療より防止のほうが簡単。幼児期からメディアの悪影響にさらされないことが大切。

LESSON 14「メディアの問題を考えて，保護者に正しい知識を啓蒙しよう」（p.32）で示したように，TV，ビデオ，コンピュータや携帯，タブレットといったメディアの問題が，子どもの行動に表れ，さらに大きな教育上の問題となってくるのは4歳を超えてからです。

なぜなら，下の遠城寺式発達検査表で示したように，3歳8か月には「友だちと順番にものを使う」，4歳0か月には「母親にことわって友だちの家に遊びに行く」，4歳4か月には「じゃんけんで勝負をきめる」ことが90％の子どもでできるようになるからです。

LESSON 31「ルールのある遊びを活用する」（p.76）で詳しくお話したように，子どもの遊びが，単なるごっこ遊びから，ルールのある遊びへと変わっていくのです。単なるごっこ遊びはひとり遊びの側面がありますが，ルールのある遊びではひとり遊びは許されません。遊びが成立しなくなってしまうからです。

この時期に，メディアの問題があってTVやビデオ（DVD）やネット上のコンテンツの内容を現実だと誤解して，対人関係を構築したらどんなことが起こるでしょうか。誤解した子どもは，どのようなルールを作るでしょうか。

メディアの問題がある子どもは，コミュニケーションに問題が出ることが多い

3歳児クラスは，自我の目覚めの時期です。子どもたちは簡単なルールがわかって行動するようになるのです。メディアの問題がある子どもたちは，コミュニケーションに乏しく，一方向性のルールを作ってしまうのです。一方向性のルールとは，他者への共感がなく，自分中心のルールといいかえることもできます。

たとえば，遠城寺式発達検査表によれば，3歳8か月で，「友だちと順番にものを使う（ブランコなど）」ことが90％の子どもで可能になるとあります。一方向性のルールであると，どんな行動に変わってしまうでしょうか。

順番をめぐって，争うことを考えるかもしれません。たとえば「お先に失礼」といって，周りが許してくれなくても，先に行動してしまうでしょう。また，自分勝手な理由をつけて，自分が先であることを正当化するかもしれません。たとえば，疲れたから先にさせてほしいなどというかもしれません。

○ **すぐに実行！**
かんしゃくを起こしやすい子がいたら，TVやビデオを見過ぎていないか注意してみよう。

× **これはNG！**
保育園や幼稚園がTVやコンピュータ，携帯電話などを利用させている。

図 36-1 メディアの影響

男の子で，何とかレンジャーが大好きだと，周りの子どもたちと意見が合わなかったときには，何とかレンジャーのように，暴力で正義を訴えることも起こりえるでしょう（図36-1）。

女の子で，魔法少女何とかが大好きなら，周りの子どもたちと意見が合わなかったときには，話をせずに，勝手なことをしてしまうかもしれません。

メディアの悪影響を放置すると…

このように，メディアの問題は4歳児クラス以上では，いろいろな形で行動上の異常として出現してきます。

この状態を放置すると，TVやビデオ（DVD）でみられる非現実的で暴力的で高速な映像は，現実の社会で起こりえることとして認識されてしまいます。すなわち，子どもに，無意識のうちに，「この世は恐ろしい」とか「やられる前にやれ」といった行動規範を刷りこむことになりかねません。また，このような非現実体験が過剰になれば，当然のことながら，現実の体験が不足します。このことは，現実の世界で満足を得る努力より，メディアで遊び，楽しむほうが楽だという認識と相まって，いっそう現実の体験が不足するという悪循環をまねきます。

さらにメディア中毒を放置すると，小学校中学年以降に，心身症（原因がはっきりしない頭痛や腹痛など）や不登校・引きこもりといった行動異常が現れてきます。筆者の経験では，虐待が合併していれば，メディアの問題はさらに早く出現し，早く重症化していきます。様々

な行動異常（たとえば，家庭内暴力，非行，不登校，気分の変動が激しいなど）が小学校低学年から出現してきます。

　国立病院機構仙台医療センター小児科の田澤雄作先生によれば，幼児期のメディア中毒の特徴は，特定のビデオやコマーシャルを「繰返し同じものをみる」ことと，容易にかんしゃくを起こすという特徴があるそうです。

　乳幼児のうちならメディア中毒の解消は簡単で，子どもが自分でTV・ビデオを操作できないようにすること———電源を切ることで問題は解決されます。

　小学校低学年では，時間を守る(TVは1日1時間，ゲームは1日15分まで)ことを条件にして許可することが大切です。そして，ノー・ゲーム・ディをつくったり，ゲームは土日だけと子どもと決めたりするのもよいでしょう。あるいは，1週間のトータル時間の制限を決めて，見たいものを選ぶことを教えて，TVは1週間で2時間，ゲームは1週間で30分などと決めて，約束を守るようにさせます。

　小学校高学年を越えると，メディア中毒の治療は困難になります。また，慢性疲労症候群の診断基準を満たすような重症例もみられるようになります。「引きこもり」を目指してまっしぐらの状態といえば，わかりやすいかもしれません。

　治療より予防のほうが容易です。幼児期のうちから気をつけておきましょう。

COLUMN　メディアに利用される青少年たち

　メディアの情報は基本的に絵空事です。TV/DVD/ゲームはもちろん，インターネット上の情報でさえ，絵空事がまじっています。

　さて，子どもは，いつごろから絵空事を理解できるのでしょうか。小学校の中学年以降だという報告が多いようです。しかしながら，たまごっちが流行したころに，小学校5年生を対象として「人は生まれ変わるか」という調査がされています。当時の5年生の70％以上が人は生まれ変わる＝イエスと答えています。何回か調査されていますが，5年生でおよそ70％程度という結果は変わりません。子どもたちは絵空事にだまされつつあります。

　高校生が，友だちを驚かすために，橋から30m下の海に飛び込んで命を落とす事件が起こりました。30mの高さですから着水時には時速40kmを越えます。死ぬ可能性があるに決まっています。テレビのお笑い番組は"やらせ"という絵空事だとわからないのでしょう。

　実体験の乏しさと知識の乏しさがこのような事態を引き起こしているように思います。たとえば，絵本の読み聞かせにしても「教訓を含む」童話を読まれなくなりました。最近の調査では「アリとキリギリス」を知らない小学生は半分近いそうです。「アリとキリギリス」の物語を知っている子どもは，努力しないと悲惨な目にあうというのはなんとなくわかっています。ところが，知らない子どもは，「努力しないと駄目」といわれると，すぐに「なんで」と反発してしまいます。

　インターネットは便利です。でも，ネットに使われてはだめです。コピー＆ペーストのレポートや論文を出す青年と，冗談で海に飛び込み命を落とした高校生の問題は象徴的です。

LESSON 37

4，5歳児クラスのポイント3

5歳児クラスの目標は，自分があこがれの対象になること

> **POINT** 5歳児クラスは，保育園，幼稚園，こども園を問わず，最年長のクラス。最年長の誇りをもたせることが，何より大切。

　5歳児クラスは，本書に示してきた心理学的な発達段階をふまえた保育・幼児教育がなされてきたかどうかの結果が，はっきりわかります。

　本書でお話してきたことを行ってきた5歳児クラスは，すばらしいクラスになるでしょう。小学1年生顔負けといえるほどお利口さんが集まった集団になります。なぜなら5歳児クラスはおにいさん，おねえさんのプライド（自己有能感といってよい）があるからです。実際，5歳児クラスの子どもは，低学年の子どもたちのゴミ捨てやお手伝いやクラスの飾り付けを作ったりします（→ **LESSON 33**「役割分担をもたせよう」〈p.81〉）。

　一方，本書に示した心理発達をふまえずにきたクラスでは，一次反抗期（→ **LESSON 35**〈p.86〉）が終わっていません。すなわち，先生が何かをいえば必ず屁理屈が返ってきます。ただし，罰で押さえ込んだクラスでは，先生が怖いので，何もいいません。このあたりは，遊びの様子を見るとはっきりします。罰で押さえ込んだクラスでは，陰ひなたのある行動をとる子どもが増えてきます。大人をごまかせると思い込んでいるのでしょう。

　罰で押さえ込んだ幼稚園・保育園・こども園の子どもは，小学校に入ってからの不登校や心身症にかかるリスクが有意に増えます。小学校の先生方は，特定の幼稚園・保育園・子ども園出身の子どもで行動上の問題が多いことを知っています。

　さて，5歳児クラスになると，ほとんどの子どもが"ひらがな"を読み書きできるようになります。この時期でできないのは，何かを抱えている子どもと考えてかまいません。近年，"ひらがな"の読み書きができるようになる時期が早くなっていますが，使いこなせる時期は変わらないようです。

　また，5歳児クラスになると，遠城寺式発達検査表ではすべてが「できる」になっているはずです。逆にいうと，遠城寺式発達検査表でどこかができていないなら，それは何らかの問題を抱えていることを意味します。「小学校に入るまでにできてほしいこと」のプリント（→ **LESSON 38**〈p.95〉）で，「5．学習が進むために」の項目は，5歳児クラスであればはじめて可能になってきます。

> **すぐに実行！**
> 5歳児で，遠城寺式発達検査表ですべてが「できる」になっていなければ，何らかの問題を疑ってみる。

> **すぐに実行！**
> お箸の持ち方やなわとびを教えよう。

微細運動と協調運動って？

4〜5歳になると，微細運動や協調運動がうまくできるようになります。微細運動とは，たとえば指の動きです。指の一つひとつの関節をうまく使いながら，細かな作業ができるようになります。簡単な図形の模写がきちんとできるようになります。協調運動とは，何かと何かの動作を合わせて行動する運動をいいます（表37-1）。

表37-1　5歳児クラスで教えたいこと

❶　正しいお箸の持ち方を教える好期（微細運動）

❷　なわとびも教える好期（協調運動）
手で縄を回しながら，タイミングよく飛ぶ必要があるので，協調運動能力が必要です。ひとりがちりとりをもち，もうひとりがほうきをもち，協力して掃除をしたりすることもできるようになる。

❸　数字に関する能力も飛躍的に伸びる
1対1対応が可能になるからである。たとえば，おはじきの数と自分の指の数を呼応しながら考えることもできるようになる。ブランコで遊ぶときに回数を正しく数えて，順番を変わることもできるようになる。

気になる子どもをどうするの？

理想的には，特別支援教育が必要なお子さんについては，5歳児クラスの前に対策がなされていると，予後（できあがり）が大変よくなります。なぜなら，この時期までに身につけた生活習慣は定着率がいいからです。筆者はよく，「朝ごはんを定時に食べる努力をしましょう」と保護者に話します。なぜなら，朝ごはんのような必須のことを定時にする習慣があってこそ，決まった時間になったら勉強する習慣がつくのです。

保護者の理解が得られるなら，4歳児クラスのうちに（＝5歳児健診）見つけて，専門医や校医と連携できることをお願いしたいと思います。もちろん，医療機関や相談施設に紹介して終わりということではありません。よい保育や幼児教育がなされてこそ，効果が上がるのです。

ちなみに，小学校4年生を過ぎてからの連携では，筆者の経験では，社会的な予後を有意によくすることはできないようです。早期発見・早期治療こそが，大切だと思っています。

LESSON 38 保護者との連携——よい保育・教育のために

周囲との連携のポイント1

> **POINT** 子どものための様々な教育産業があふれているが，絵本の読み聞かせやお手伝いなど，子どもに寄り添って教えてあげられるのは保護者と毎日のようにかかわる指導者である。

　子どものすこやかな発達のために，最低限守ってもらいたいことを次ページの「小学校に入るまでにできてほしいこと」というプリントにまとめました。ある小学校の校長先生と特別支援コーディネーターの先生と一緒に作りました。なぜ大切かは，本書でもお話しています。「1. 早寝・早起き・朝ごはん～4. メディアとのつきあい方」は，1歳半ぐらいには教えはじめられます。

　ぜひ，このプリントを保護者に毎年配ってください。そして，書かれている意味を教えてあげてください。使い方については，**LESSON 39** で詳しく説明します。

　またそれぞれの項目については，本書での説明は以下のLESSONにあります。

　「5. 学習が進むために」は，どれも4歳児クラスの後半から大切になります。

　自然に親しむことや箸の持ち方を教えることの大切さは，あえて記すまでもないでしょう。学年×20分は自主学習の習慣づけです。ちなみに，全国学力調査

項　目	本書の該当LESSON
1. 早寝・早起き・朝ごはん	LESSON 5 & 11
2. しつけの3原則	LESSON 12
3. お手伝い	LESSON 13
4. メディアとのつきあい方	LESSON 14

第1位の秋田県は，学年×20分をしっかり守っています。

　誤解をされやすいのは，教育産業は家庭教育のがいちゅう（害虫・外注）の意味でしょう。多くの有名な教育者は子どもにとって最も大切な教育者は保護者だと述べています。その理由として子どもの状況に合わせた教育ができることをあげています。たとえば，小学校低学年までの「読み・書き・算」は完璧であることが要求されます。ひらがなやカタカナ，簡単な漢字，四則演算ですから完璧にできて当たり前です。保護者が教えていれば，子どもの間違いやすいところをわかって教え方を変えるはずです。このような配慮は教育産業にはできません。また，絵本の読み聞かせやお手伝いが学力形成には大切（→ **LESSON 13** 〈p.30〉）ですが，これも教育産業には期待できません。そんな意味を込めて，"がいちゅう"と書いています。

　このプリントに書かれていることを子どもにさせる最大の裏技は，してみせることです。保護者が手本になることです。指導者のあなたもがんばってください。

「小学校に入るまでにできてほしいこと」

> 小学校の校長先生たちと いっしょにつくりました

保護者が手本になりましょう

1. **早寝・早起き・朝ごはん**
    - 早寝：小学校低学年なら9時前（高学年でも9時半）
    - 早起き：起こさなくても6時には起きてくる
    - 朝ごはん：「おなかすいた」と起きてくる
    ※休みの日こそ大切：休みの日に乱れると，週明けの学校で勉強に身がはいりません

2. **しつけの3原則**
    - へんじ
    - あいさつ（ありがとう，ごめんなさいも含む）
    - くつをそろえてぬぐ（整理整頓の第一歩）

    「言われなくてもできる」まで，教え続けましょう

3. **お手伝い**
    - 自分から進んで，お手伝いができる
    - 自分のことは，自分でやる習慣がついている
    - 家族の中で，自分の役割分担がわかる
    ※お手伝いは1歳半でやりはじめられる 「言ってもやらないのは**危険信号**」

4. **メディアとのつきあい方**
    - 2歳までのテレビ・ビデオ視聴は害悪
    - 授乳中，食事中のテレビ・ビデオ視聴は禁止
    （食事を大切にしない家庭は崩壊まっしぐら）
    - すべてのメディアへ接触する総時間を制限　ゲームは1日30分まで
    - 子ども部屋には，テレビ，ビデオ，パーソナルコンピュータを置かない
    - 自然に親しむ・土に触れる遊びを親子で楽しみましょう

5. **学習が進むために**
    - 正しいおはしの持ち方を教えましょう
    - 毎日，子どもの勉強をみてあげましょう
    ……教育産業は家庭教育のがいちゅう（害虫・外注）
    - 学年×20分（入学前は1日10分でよい）
    - ひらがなの読み：5歳0か月で90%の子どもができる
    ひらがなの書き：6歳0か月で90%以上の子どもができる

「してみせて　いってきかせて　させてみる」　米沢藩主　上杉鷹山

── 失敗は成功の母 ──

© 横山浩之，2014

乳幼児の発達からみる保育"気づき"ポイント44．診断と治療社

LESSON 39 子どもをはぐくむために保護者と連携する仕組みを作ろう

周囲との連携のポイント2

> **POINT** 施設全体で，長い時間をかけ，うまくいった例を共有したり，専門家の話をきいたり，できる手立てを総動員して「小学校に入るまでにできてほしいこと」を実現しよう。

　前ページの「小学校に入るまでにできてほしいこと」を配るだけでは，まだ十分とはいえません。なぜなら，それを実現するための"手立て"がないからです。

いろいろな保護者がいることを念頭におく

　幸せな家庭に育った人には想像もつかないかもしれませんが，家庭内暴力が毎日のように繰り返される家庭に育った保護者もいます。また，保護者自身が現時点で暴力に悩んでいるという人もいることでしょう。あるいは，保護者自身が，「小学校に入るためにできてほしいこと」に書いてあることを，してもらったことがないかもしれないのです。「小学校に入るまでにできてほしいこと」のプリントは，どんな子どもにとっても必要なことばかりが書かれています。逆にいうと，これらのどこかができていない子どもは，何らかのリスクがあると考えていただいてかまいません。社会的な地位があっても，よい保護者とは限りません。

　また，朝ごはんも十分にとれないような状況であれば，福祉の適応があるともいえます。学区によっては，福祉関係の連絡先を書き加えてもいいでしょう。

　さて「小学校に入るまでにできてほしいこと」を実現して，子どもをよりよくはぐくむためには，何が必要でしょうか。また，どんな配慮がいるのでしょうか。5つあげます。

---

❶ **保育園，幼稚園，こども園といった施設全体で取り組むこと**
　どの担任も同じことをいっていれば，保護者に少しずつ浸透していきます。

❷ **長い時間をかけて保護者に理解していただくこと**
　都市部に多いことですが，成果は関係なく，取り組みをしたという事実だけで満足する画一的で形式的な態度に終始してしまうという保護者が多い地域もあります。

❸ **うまくいった例を共有すること**
　保護者会などでうまくいった事例をとりあげて，園長や所長，学区の小学校長に話していただくのも効果的です。

> **○ すぐに実行！**
> 長期間かけて，よい子育てを地域に発信しよう。

> **× これはNG！**
> 保護者や地域とのかかわりを通りーぺんのことで終わらせてしまう。

❹ **外部の専門家を招いて，「小学校に入るまでにできて欲しいこと」に書かれている内容の重要性について，講話をいただくこと**

どこの地域にも，あたりまえの生活習慣を守ることの重要性について造詣が深い専門家がいらっしゃると思います。そのような方をお招きしたり，著書を紹介したりしてはいかがでしょうか。

❺ **同じことを，違う形で何度も繰り返すこと**

「早寝・早起き・朝ごはん」であれば，睡眠のポイントからも，早起きのポイントからも，朝ごはんのポイントからも，訴えかけることができます。保護者をほめるチャンスを作り出すのだといってもいいでしょう。

保護者への個別指導が必要なとき

「小学校に入るまでにできてほしいこと」を守っていない保護者の方に対しては，個別指導するほうがはやいと思うかもしれません。しかし，そのようなやり方は効果が十分でないことが多いようです。なぜなら，個別指導されると，そのような保護者は，「どうして私ばかり？」と反発することが多いからです。他にもやれることがありますので紹介します。

❶ **絵本の貸し出し**

忙しい保護者の方々が，図書館まで行かなくても，本屋まで行かなくても，知らない絵本を子どもに読み聞かせすることができます（→ **LESSON 41** 〈p.100〉）。

❷ **朝ごはん簡単レシピ**

忙しい保護者の方に，子どもに朝ごはんを作ってもらうため，簡単レシピの紹介をするのもよいでしょう。地域が違うと習慣が違うので，職員の故郷の裏技的なレシピを教えてあげるのも楽しくてよいと思います。

たとえば，筆者の住んでいる地域であれば，芋煮です。芋煮といえば，宮城では味噌仕立てで豚肉を入れますが，山形では醤油仕立てで牛肉を入れます。山形風芋煮の残り物に，カレールーをひとかけら落とすと，大変おいしいカレーができあがります。具が足りないようなら，牛肉の切り落としを足すといいでしょう。朝ごはんのカレーになら，厚揚げを足すのもおすすめです。このように簡単で目先が変わったメニューを紹介することで，保護者とのコミュニケーションを図る機会にもなります。

LESSON 40 外部機関との連携にあたって必要なこと

周囲との連携のポイント 3

> **POINT** 外部機関との連絡の際，いくつかのコツがある。保護者や外部機関担当者に任せるだけでなく，"当事者"として対応する。

　発達障害にせよ，虐待にせよ，行動異常がある子どもに関して，連携するときにはコツがあります。外部機関は，ふだんからその子どもに接しているわけではないので，必ず文書やファイル（医療機関ならカルテ）で保存しています。まず，そのことを前提として行動しましょう。

保護者を通してだけの連携は誤解のもと

　保護者を通してだけの連携は誤解のもとを作りかねません。実例を提示します。小学校から，行動上の異常があるので病院で診断を受けてほしいと連絡された保護者がいましたが，保護者は学校からの文書を病院に提出しませんでした。保護者は，学校から病院を受診するようにいわれたので来ましたとのことで，何の情報ももっていなかったので，情報を集めてくるようにと筆者が話しました。保護者は学校に，異常がないといわれたと嘘をつきました。もともと学校長と筆者とは面識があったため，保護者の嘘が発覚しました。

　この事例からの教訓は，保護者を通してだけの連携は誤解のもとということです。できるだけ保護者と同席しましょう。

　同じようなことは，健診でもあります。明確な発達の遅れがあるので，3歳児健診でよく調べてもらうようにと保護者に伝えましたが，保護者が問診で異常があると思われるところに○をつけずに，異常がないという項目に○をつけてしまったのです。そのため，この3歳児健診では異常を発見されずに通過してしまいました。

必要なことは文書としてまとめて持参する

　文書として持参すると，先方との面談の時間を節約できます。また，コピーをとっておくことで，何を伝えたのかを記録に残せます。記録にして残しておくことは大切です。特に，虐待のケースでは，事件になった場合に責任問題に発展する可能性がありますので，証拠として残しておく必要があるといえます。

　また，できるだけ保育士・幼稚園教諭が持参しましょう。保護者を通して渡してもらうのは，できたら避けましょう。保護者にみせてもよい文書はかまいませんが，保護者を通して

> ○ すぐに実行！
> 外部機関との面談時には，できるかぎり保育士・幼稚園教諭が保護者ととも同席する。また，文書で伝えるくせをつけよう。

> × これはNG！
> 内部での申し送りをしていない。

文書を渡すと開封されて内容をみられてしまうことがあります。

相手に伝わるように，具体的に書く

よくある悪い例は，「気に入らないことがあるとパニックを起こす」という表現です。このようなときは，気に入らないことの具体例を書きましょう。また，パニックがどんな状態なのかも書きましょう。

5W1Hを守って書くのが基本です。Who（誰が）What（何を）When（いつ）Where（どこで）Why（なぜ）How（どのように）したのかを記載する癖をつけましょう。

また，子どもの行動だけではなく，指導者の行動も書きましょう。状況が理解できないと対策もわかりません。

当事者意識を持ちましょう

美辞麗句で飾ったり，格好をつけたりする必要がないということです。格好をつけても，相手にわかってしまうと信頼を失います。このようなことがありました。A市の教員がきて保護者に渡したIEP（個別教育計画）を筆者に提示しました。とうとうと説明してくれましたが，筆者は元ネタを知っていました。なぜなら，名前以外は全く同じIEPを他の子どもで見ていたからです。本やインターネットをコピー＆ペースト（コピペ）しても，わかる人にはわかります。

きちんと申し送りましょう

担当者が変わるたびに同じことを何度も説明させられると，外部の支援者はうんざりしてしまいます。なぜなら，来る担当者が毎回異なり，そのたびに前に来た担当者から何も聞いていないからです。加えて，決まり文句（本人の状況にあわせて対応していきます）しかいいません。「具体的に本人の状況とはどのようなことかおわかりですか」と問うと，公的な文書に書いてあること（虐待状況など）しかいえません。担任としての能力が問われます。このようなことがないようにしましょう。

LESSON 41 管理職の方へ――あなたしかできない保護者との連携

周囲との連携のポイント 4

> **POINT** 問題解決だけが管理職の仕事ではありません。問題が起こる前に管理職が積極的に動くことで，トラブルの防止につながることがある。

　管理職(所長，園長，主任など)だからこそできる，保護者との連携があります。このように書くと，モンスターペアレントの対処といった悪いことばかり思い浮かぶのではないでしょうか。確かにそういう側面もあるでしょう。"管理職が出てくるのは最後の砦である"というイメージがあるかもしれません。

　筆者の感覚では逆です。管理職はトラブルの予防のために時間を使うほうが効率的です。そして，現場で働く人たちや子どもたちのよりよい環境を守るために時間を使ってほしいと思うのです。

施設全体で取り組む企画を立案する

　管理職だけができることは，施設全体を巻き込む企画立案です。たとえば，前項目で書いた「小学校に入るまでにできてほしいこと」を保護者に配ることを決定できるのは管理職だけです。外部の人間が書いた文書ですから，配ることを決定できるのは，管理職です。そして，管理職が配ると決定すれば，施設に通うすべての家庭に配付可能となるのです。

　このような文書を配ると，人間味ある温かいよい家庭から反応が返ってきます。よい反応を担任のレベルに止めておかずに聞いて回るのも管理職だけができることです。よい反応を再度すべての家庭に配付することを決定するのも管理職です。そして，ご家族から許諾を得るのも管理職の仕事です。管理職から呼び出しがあって，家族はびっくりするかもしれませんが，「管理職からの呼び出し＝悪い知らせ」という定式を壊すこともできます。

　よいことをするために，管理職が積極的に動くと，副次的に現場の状況が把握できます。どちらかというと管理職は，現場の困りごと相談を受けることが多いかと思いますが，困りごと相談の解決だけで動くと，その困りごとを解決するためのその場限りのことを考えがちです。それに対して，よいことをするために動くと，解決すべき諸問題は"楽しみ"が先に待っていることですから，自由な発想で考えることができます。効果的な予算の使い方や必要な備品に気がつくことでしょう。大崎市古川の公立保育園で行われている入所している家庭を対象とした絵本の貸し出し制度も管理職の決断次第です(図 41-1)。

　さて，このように動くときの管理職の極意を一つ記しておきたいと思います。それは，新

> **○ すぐに実行！**
> 管理職こそ現場意識をもって行動する。子どもも職員も守る。

> **✕ これはNG！**
> 保護者との面談は，担任のみに任せてしまう。担任と保護者の関係が悪化する可能性がある。

しいことを一つはじめるときには，職員の仕事を何か一つ中止できないかと考えることです。これも管理職だけができることです。

　保育園，幼稚園，こども園といった子どもにかかわる部署は，社会の要請もあって，たくさんの仕事を引き受けざるを得ない状況にあります。仕事は増える一方です。このようなときに，ただ仕事を引き受けていたら，職員が疲弊してしまいます。何らかの仕事が増えた分，不必要と考えられる仕事をスクラップすることは，力量のある管理職にしかできません。すべての仕事の意味と効果を評価できる管理職だけが，仕事をスクラップすることの意味を理解できるからです。

1回1冊，返却すると次のを借りることができる。実際には1泊2日が多い。ノートに記載する。

お勧めコーナーや新刊の紹介コーナーもある。

正直に話すことを保護者にも実践してもらえるように，掲示する。

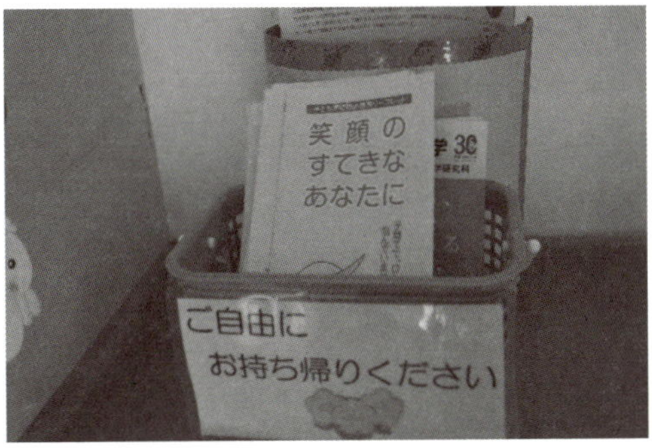

貸し出しコーナーの隅に何気なく，虐待関係のパンフレットや連絡先の冊子が置いてある。

図41-1 保育園での絵本貸し出しシステム

LESSON 41　管理職の方へ——あなたしかできない保護者との連携

重大な虐待や障害が発見されたとき

　さて，ここまでお話してきたことは管理職にとって常識であろうと思いますが，それが機能しているかどうかが，外部から，はっきりわかるときがあります。たとえば，重大な虐待を受けている子どもへの対応のときです。重大な虐待とは公的な施設（児童相談所，病院，警察，保健所など）による対応が必要なときです。なぜなら，このような場合には周囲との連携が不可欠で，子どもへの対応もティームアプローチになるからです。担任だけに任せると，まず間違いなく失敗していき，管理職が何もしていないことがわかってしまいます。

　障害がある子どもの対応でも同じことがいえます。保護者は誰もが，自分の子どもに障害があると認めたくはないものです。しかし，誰かが伝えなければなりません。

　管理職は保護者より年配の方が多いので，経験を積んだ専門家として話せるという利点があります。この意味で，担任が伝えるより管理職が伝えるほうがよいといえます。

面談のコツ

　伝えるときには図 41-2 のように座席を配置し，管理職が保護者と担任に告知する形で行うのがお勧めです。

　担任の実践（保育・教育）を観察していて，気がついたこととして伝えましょう。子どもの問題点を伝えるだけではなく，どのように対応するのか，そのために何が必要なのかをきちんと伝えることが大切です。うまくいった成功例をきちんと伝えられれば，なおよいと思います。今後の対応のために，必要な手立てを講じるためであることをきちんと伝えましょう。このときの役割分担として，**担任は保護者に寄り添いましょう**。管理職の話の補足をする一方で，保護者と一緒に問題を受け止める役割です。

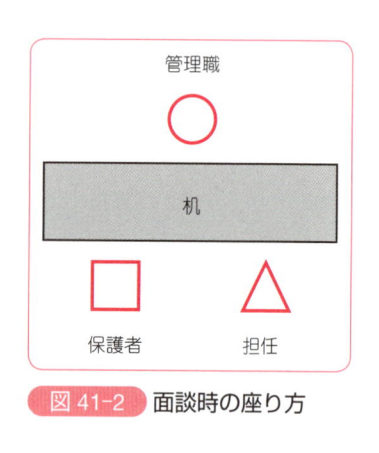

図 41-2 面談時の座り方

　面談は長くなってはいけません。せいぜい 30 分程度にしましょう。余計なことを話しがちになります。管理職との面談は，定期的に行うほうがよいでしょう。その後の成果を話し合うためであって，問題点を話し合うためではありません。

　なお，担任任せはおすすめしません。なぜなら，担任と保護者とが仲違いする可能性があるからです。担任と保護者との関係が悪くなると，日常の保育にも差し障ります。悪意をもって，担任を非難するかもしれません。

　管理職が伝えるかわりに，健診などで保健師に伝えてもらうのも一手段ですが，その場合には，それらの機関との緊密な連携が必要です（→ **LESSON 40** ⟨p.98⟩）。

LESSON 42 保育・幼児教育における個別支援について

個別支援を考える1

POINT 知的障害のレベルにあった支援をするためには，発達を客観的に評価して子どもがどこまでのことができるのか明確に知る必要がある。

"高機能自閉症＝通常学級での教育"がよいとは限らない？

特別支援教育がはじまってから，通常学級の在籍がふさわしい特別な支援が必要な子どもの存在が知れわたるようになりました。このような子どもをはじめて診てから25年が経過し，やっと周囲の理解が広がってきたように思います。その一方で，誤解も同じぐらい広がっているようです。たとえば，「高機能自閉症＝通常学級での教育」です。自閉症スペクトルがあれば，IQ＝75の子どももIQ＝120の子どももどちらも高機能自閉症といえますが，状況は大分違います。

IQ（知能指数），DQ（発達指数）*とは，そのお子さんの知的水準あるいは行動水準を示す数字です。おおまかにいって次のようになります。

$$IQ あるいは DQ = \frac{精神年齢}{暦年齢} \times 100$$

遠城寺式発達検査表で暦年齢4歳0か月の子どもが3歳0か月までしかできなければ $\frac{3}{4} \times 100 = 75$ でDQは75です。

同様に，IQが75であれば，75/100ですので0.75，つまり暦年齢の3/4が精神年齢に相当することを意味します。暦年齢6歳の子どもでIQ＝75なら，6×0.75＝精神年齢4.5歳を意味するわけです。

IQが70以下であれば，知的障害（精神遅滞）と診断がつき，ほぼすべての市町村で療育手帳（＝福祉）の適応となります。しかしながら，IQが70を超えているから，問題がないとはいえないのです。たとえば，先のIQ＝75のお子さんなら，暦年齢12歳のときに精神年齢9歳相当です。小学6年生のときに小学3年生相当ということです。もうおわかりのように，小学3年生に小学6年生の教育内容は理解できません。ところが，暦年齢3歳のとき

---

*遠城寺式発達検査表の場合はDQという。

> ⭕ **すぐに実行！**
> 担任による個別支援だけでよいかどうかを考えるとき，遠城寺式発達検査表の結果が役に立つ。

> ❌ **これはNG！**
> 何でも担任にまかせて，担任を疲弊させてしまう。

なら2歳3か月相当です。すなわち，4月生まれと3月生まれの差より小さい差でしかないのです。

個別指導を考えるにあたって，遠城寺式発達検査表は実に役に立ちます。そのお子さんがどこまでできるかが，明確にわかるからです。

3歳児クラスに，"1歳児相当"の精神年齢の子どもがいる場合…

1歳の差であれば，保育士・幼稚園教諭はあまり問題視しないで対応ができることを意味しています。一方，1歳(年)を超えると少しずつ対応の困難感がでてきます。2歳(年)を超えると，対応に明確に困ることが予測されます。

ちなみに，保育・幼児教育では暦年齢と精神年齢の差が2歳を超えた場合，何らかの人的な対応が必要だと思います。明確な個別支援が必要だからです。たとえば，3歳児クラスに1歳児クラスの子どもがいることになるわけですから，当然ながら，指導目標が異なります。では，3歳児クラスに1歳児クラス相当の子どもがいる意味があるのでしょうか。答えは"yes"です。なぜなら，1歳児クラスの子どもは模倣ができるからです。模倣は暗記と同じレベルにすぎませんが，暗記でも行動はできます。一方，3歳児クラスの子どもにとっては，同じ行動が暗記ではなく解釈が目標になります。中身がわかることが目標になるのです。

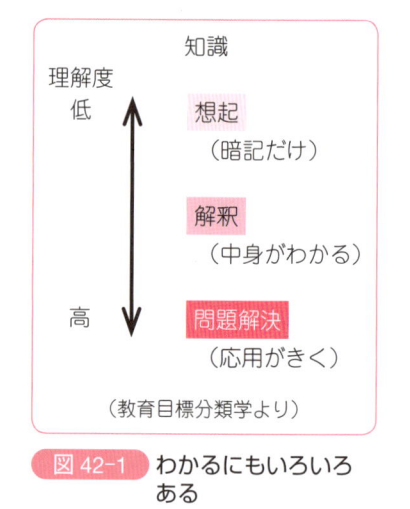

教える側の留意点は，おなじ"できる"でも，暗記と中身がわかるレベルが違うことを知っていることです。なぜなら，暗記の"できる"は，やらなければ忘れてしまう"できる"です。そして，忘れてしまった後に再度学習するときにも，最初からやり直しです。

一方，中身がわかる"できる"は，だいぶ忘れにくくなります。加えて，忘れても一度学習し直せば，すぐにできるようになります。ちなみに，応用がきく"できる"はもはや忘れることはありません。

図42-1 わかるにもいろいろある
（知識：理解度 低↔高）
- 想起（暗記だけ）
- 解釈（中身がわかる）
- 問題解決（応用がきく）
（教育目標分類学より）

子どもへの個別指導が必要なときがある

先の例で，1歳児クラス相当の子どもに"中身がわかる"レベルを求めるときには，個別指導で教えましょう。なぜなら，その手立てはすでに3歳児クラスでは不要なので，周りの定型発達の子どもの教育を妨げるからです。可能であれば，別の場所で，個別的に教える時

間がとれることが望ましいと思います。

　どんな保育・教育をしたらよいかは遠城寺式発達検査表の結果からわかります。S-M 社会生活能力検査（日本文化科学社）も大変よい参考になります。子どものできるところに注目して，その内容理解を深める（→ **LESSON 3**〈p.7〉）のは，遠城寺式発達検査表の利用の仕方と同じです。また，認知・言語促進プログラム（通称 NC プログラム，コレール社）は，評価と実践プログラムが一体化しており使いやすいと思います。

ユニバーサルデザインの授業（設定保育）って？

　ちなみに，ユニバーサルデザインの授業（設定保育）とは，障害がある子どもには想起（暗記だけ），普通の子どもには解釈（中身がわかる），そしてできる子には問題解決（応用がきく）レベルを求めることができる授業です。このような授業案を作成するためには，教育目標分類学のより詳細な知識，入念な教材研究とすぐれた教育技術を必要とします。

　発達障害がある子どもにとって，最も悪いことは単なる"子守り"をされることです。あたらずさわらず，したい放題にされています。"子守り"をされている子どもは，次第によいことと悪いことの区別がつかなくなります。そのような悪い教育をしている人ほど，子どもの行動異常を他人のせい（子ども，保護者，場合によっては医療機関や相談機関）にしたがりますが，周囲はどこに原因があるのかわかっているものです。

COLUMN　心理士や医師の言葉の重み

　心理士や医師も"通常学級でだいじょうぶ"という言葉の重みを知ってほしいと思います。同じことをいっても，保育士・幼稚園教諭より，はるかに強いインパクトを保護者に与えます。せめて，学習指導要領を一読し，理解してからお話しいただきたいと思うのです。

　幼稚園・保育園・こども園では，目立たない小さな差であっても，年齢が進むと大きな差になってしまうのです。たとえば，IQ＝75 の子どもの場合，暦年齢4歳で精神年齢3歳と，4月生まれと3月生まれ程度の差でしかありませんが，8歳になれば精神年齢6歳（小学2年生→年長さん），12歳で精神年齢9歳（小学6年生→小学3年生）と差が大きくなっていきます。

　自閉症の子どもの場合は，IQ の問題＋自閉症の問題であることにも留意してください。つまり，二重に問題が生じるのです。療育指導が進んでいなければ，おおむね IQ の7がけ程度の行動能力だと思うとよいでしょう。

LESSON 43 就学指導を考える

個別支援を考える 2

> **POINT** 特別支援学級などへの就学が必要と思われる子どもの保護者には，状況の理解と受容のための時間も考慮して，十分な準備期間を確保できるよう，伝える時期に配慮する。

就学指導とは，小学校入学後の進路相談のことです。保育園，幼稚園，こども園の先生方にお願いしたいのは，"特別支援学級・特別支援学校"のほうが望ましい子どもの保護者への予告と準備です。

特別支援学級が望ましいのは，IQ で 75 以下のお子さん

特別支援学級が望ましい子どもは，IQ で 75 以下のお子さんです。そして，IQ が 75 ないし 85 のお子さんは，必要に応じて特別支援学級や通級指導教室の指導が望まれます。具体的な数字は地域の社会的状況によっても異なります。特別支援学級や通級指導教室の設置や就学指導のされ方が，都道府県によってまちまちだからです。

遠城寺式発達検査表で，発達の平均値が年齢の半分以下のお子さんでは，特別支援学校への入学を考慮に入れておいたほうがいいでしょう。これらのお子さんでは遅れがかなりはっきりしているので，保護者も状況を理解していることが多いかと思います。

特別支援学校や特別支援学級とかかわるタイミング

地域によって異なるかと思いますが，筆者は 4 歳児クラスのうちに，特別支援学校や特別支援学級の見学をすすめるように指導しています。保護者への指導事項として 4 歳児クラスのときには，子どもをどこに入れるかを判断するのを決めるのは，5 歳児クラスにはいってからと指導しています。あと 1 年になってから，はじめて特別支援学校や特別支援学級のことを知りはじめると，あせってよい判断がくだせなくなるからと伝えています。そして，特別支援学級と特別支援学校のよいところを見つけてくるようにお願いしています。

特別支援学校と特別支援学級のメリット・デメリットを表 43-1 にまとめます。

特別支援学校のメリットがそのまま特別支援学級のデメリットに，そして特別支援学校のデメリットが特別支援学級のメリットになっていることがわかります。

特別支援学級への入級の可能性があるお子さんの場合には，4 歳児クラスのうちから，少しずつ子どもの状況を保護者に伝えていったほうがよいと思います。なぜなら，子どもの状

| | すぐに実行！ | | これはNG！ |

すぐに実行！
保護者には，4歳児クラスのうちに特別支援学校や特別支援学級の見学をすませて，判断するのは5歳児クラスにはいってからと伝えるとよい。

これはNG！
無責任に「通常学級でだいじょうぶ」と伝える。

表43-1　特別支援学校と特別支援学級の特徴

	特別支援学校（養護学校）	特別支援学級（従来の特殊学級）
長所	○専門的な知識をもつ教員が必ずいて，教育技術の伝達が行われている。 ○困ったことが起きても，担任以外にも相談できる教員がいる。 ○正常な子どもたちからの「いじめ・からかい」の心配がない。	○正常な子どもたちがいるので，交流授業などで，まねによって，よい影響を受ける可能性がある。
短所	△正常な子どもたちがいないので，まねをしながら学べる可能性がない。	△専門的な知識をもつ教員がいるとは限らない。専門的な教育技術の伝承は行われていない。 △正常な子どもたちからの「いじめ・からかい」が生じる可能性がある。

況を受容していくには，時間がかかるからです。

　特別支援学級への入級について考慮することを伝えるのは，5歳児クラスのはじめ頃になるでしょう。なぜなら，自治体によって違いますが，教育相談を受けるように申し出るのが，夏休み前ぐらいになるからです。

*　　　　　*　　　　　*

　就学指導にあたって，保育士，幼稚園教諭へのお願いは，無責任に"通常学級でだいじょうぶ"と保護者にいわないでほしいということに尽きます。同じことは医師や保健師にもいえます（→ **LESSON 42** COLUMN〈p.105〉）

　はっきりいえるのは「保育園，幼稚園，こども園でうまく指導できている」からといって，「小学校でも指導できる」ということは全く意味しないということです。なぜなら，小学校では幼稚園とは比べものにならないほど厳密な学習指導要領があって，それぞれの学年でどんな内容を学習するかが規定されています。保護者がいう"通常学級でだいじょうぶか？"という言葉には，当然学習についていけるかどうかも含まれています。

　「勉強ができなくてもいいのです」という保護者がいるかもしれません。しかし，子どもの身になってください。小学校では，保育園，幼稚園，こども園と異なり，勉強の時間がほとんどを占めているのです。ずっと理解できない内容のために，努力させられる子どもの身になって考えてください。不適切な教育を受けていると青年期に精神障害を発症するリスクが高まります。

LESSON 44 自閉症スペクトルの支援について

個別支援を考える3

> **POINT** 自閉症スペクトルの特徴を理解して，根気よく支援することが大事。一番大切なことは，しっかりと待ち続けること。

自閉症スペクトル（自閉症，アスペルガー症候群など）の子どもには3つの症状があります。

- コミュニケーションの質的な障害
- 対人関係の質的な障害
- こだわり行動（あるいは想像力の障害）

上記の3つの症状には，<u>質的な障害</u>という表現があります。<u>質的な障害</u>とは遅れのことではありません。図44-1で（Ⅰ）は正常な子どもです。○が暦年齢のところまであります。ふさわしい教育内容はＣのところです。

（Ⅱ）の子どもでは，途中までしか○がありません。これが「遅れ」です。発達の順番は変わりませんが，量が少なく，ゆっくりです。ふさわしい教育内容はＥのところになります。

自閉症スペクトルの子どもにみられる<u>質的な障害</u>は，遅れではありません。図44-2の（Ⅰ）

図44-1　遅れを理解する

図44-2　質的な障害を理解する

> ◯ **すぐに実行！**
> 自閉症スペクトルの子どもは，誰でもできる当たり前の簡単なことができないことを念頭におく。

> ✕ **これはNG！**
> 生活に役立たないことをいっぱいさせる。

は図44-1の（Ⅰ）と同じで正常な子どもです。これに対して，（Ⅲ）は◯の数は同じですが，◯の位置が違っています。

　自閉症スペクトルの子どもでは，発達の仕方が障害されています。これが「質」の障害です。だから，自閉症スペクトルの子どもでは誰でもできる簡単なことができなかったりします。たとえば，目が合わないのは一番下の✕になるわけです。

どんな指導方針が適切？

　筆者の指導方針は，図44-2でいうと，（Ⅲ）から（Ⅳ）の状況を作ってあげることです。誰でもできることを訓練してあげることです。具体的には，最初に，視線の合わせ方を教えます。そして，共同注視を教えます。共同注視とは，相手をしている人の視線の先をみる能力です。およそ1歳半から2歳で完成するといわれています。まず，子どもをみつめあげる視線を心がけることからはじめます（図44-3）。誰でも自分の目の高さより，少し低いところを見ていることが多いのです。だから，子どもの目の高さより低いところに位置すれば，自然に子どもの目に入ります。指導者がこれに慣れたら，子どもがこちらに視線を合わせてきた瞬間に反応します。たとえば，名前を呼ぶとか声をかけるのがいいでしょう。ジェスチャーでもかまいません。にこっと笑いかけてもいいです。最初は反応が鈍いと思いますが，毎日少しずつがんばっていると，おおむね3か月ぐらいで，こちらを見てくれるようになります。

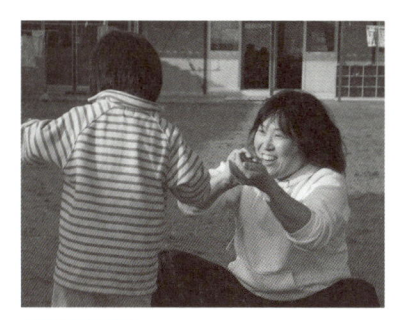

図44-3 子どもの目の高さより低い視点

　この指導をするにあたって，最も大切なことは"しっかり待ち続ける"ことです。こちらを見てくれないからといって，声がけをしてはいけません。声をかけないとこちらをみてくれなくなるので，視線を合わせる練習にならなくなります。

　この練習は保護者にもお願いするといいでしょう。保護者がしていたとしても，保育士・幼稚園教諭もがんばって練習してください。自閉症の子どもたちは，ある場所でできても，他の場所でできるとは限らないという特徴があるからです。

共同注視を教えるコツって？

　共同注視を教える練習としては，獨協医大小児科に在籍した海野健氏が作成した「ママがする自閉症児の家庭療育（通称HACプログラム）」のAプログラム「耳を傾ける」課題プロ

グラムをよく使っています。A課題をどれでもいいので，毎日15分がんばってもらいます。なお，A課題ができないうちに，BやCの課題をがんばっても，共同注視ができるようにはなりません。

　HACプログラムでは，それぞれの課題にチェックポイントがあるため，完璧にできるようになるには，2〜3年かかります。普通の子どもでは教えなくても簡単にできてしまうことが，教えてみると大変な時間がかかります。このことは保護者や周囲の支援者が自閉症を知るうえで大変よい訓練になっていると思います。HACプログラムを毎日がんばってもなかなか進まないことがわかるのは，たいへんよくがんばっていることの証拠です。努力を理解し，認めてあげてほしいと思います。

　視線の使い方と共同注視を幼児教育のうちに教えてもらえると，この後の教育がどんどんすすむようになります。「早寝・早起き・朝ごはん」などの生活習慣と同様にがんばって教えていただきたく思います。

　（小学校以降の指導については，「新版　軽度発達障害の臨床」(診断と治療社，2011年)第6章を参照）

対応は一人ひとり異なる

　図44-2で示した「質的な障害」の状況は，子ども一人ひとりで異なります。だから，ある自閉症の子どもに有効な対策が，ほかの子どもに有効とは限りません。一般に，共同注視ができない子どもに様々な療育をしても効果が薄いといわれています。たとえば，絵カードや予告は自閉症の子どもに有効ですが，共同注視ができていない子どもにこれらの手段を使うと，絵カードや予告がこだわり行動を強くしてしまうことがあります。

　本書で示した共同注視の練習やHACプログラム*は，幼児期ではそのような予測外のことが起こりにくいので，比較的多くの子どもに有用と思われます。

　いろいろな方法を試してよいと思いますが，生活の質が上がったかどうかで判断すると間違わずにすみます。たとえば，字が読めたとしても，それを人とのやりとりに使えなければ，生活の質は上がりません。時には，字が読めることが自閉症の症状でしかないこともあります。筆者の経験では，生活能力を高めることが，就職しやすくなるようです。

---

*HACプログラムの入手は海野健氏。e-mail：hac2001@nifty.com　あるいは，〒107-0062 東京都港区南青山2-2-15-1042 「HACの会」に問い合わせる。およそ2,000円(実費)で冊子を入手できる。

付　録

1．事例
　4つの事例について，評価シート，遠城寺式・乳幼児分析的発達検査表(九州大学小児科改訂版)，解説を付録として掲載しました。

1) 遠城寺式・乳幼児分析的発達検査表(以下，遠城寺式発達検査表)の原法通りの使い方については，「遠城寺式・乳幼児分析的発達検査法　九州大学小児科改訂新装版(慶應義塾大学出版会，2009)」を参照してください。

2) 本検査が発表された1958年(1977年に全面改訂)当時には，一般に知られていなかった発達障害の子どもの実態に合わせて，本書では一部を変更し，使用しています。

　　本検査の評価結果は，本来，○あるいは×で記します。
　　・○　できている(合格)
　　・×　できていない(不合格)

　　しかしながら，本書では次の場合を加えています。
　　・生活に役立てられない行動しかできない場合は，×(不合格)とみなす。
　　・できたり，できなかったりする場合には，△(芽生え行動)とする。

　自閉症スペクトルの子どもでは，質的な障害(→ **LESSON 44** 〈p.108〉)のために，意味がわからずに行動している場合があります。たとえば，オウム返しで二語文を話すこともあります。「何食べたい？」の問いかけに対して，「何食べたい？」と答える場合もあります。このような場合には，×(不合格)とみなします。
　また，こだわりが強い子どもでは，ある場所では行動できる(○，合格)が，他の場所ではできない(×，不合格)こともあります。このような場合には，△と評価します。できることもあれば，できないこともあって，安定してできず，評価に困る場合も△とします。
　△をつけた場合には，発達年齢を評価するうえでは半分とみなします。つまり，△がふたつあると○ひとつと×ひとつと同等とみなします。

3) 評価年齢の付け方については，p.114をご覧ください。

4) このほか，遠城寺式発達検査表の利用にあたっての留意事項を，**LESSON 2** および **3**(p.4～11)に記しました。

5) 事例の評価シートは，実際に保育士が作成した例をとりあげています。

2．評価シート(p.128)
　適宜，ご活用ください。

3．睡眠・覚醒記録表(p.129)
　適宜，ご活用ください。

事例1. 学習障害（LD）

評価シート

(ぞう 組)(名前 よこやま みずき)(3 歳児クラス)　これは，実例を元に再構成した仮想事例です。

成育歴	出生時　分娩 正常 異常　体重 2620 g　　　　　身長 50 cm 栄養 母乳 ミルク　混合　ヶ月 　　　離乳開始　ヶ月 離乳完了　ヶ月 首のすわり 3ヶ月・寝返り 6ヶ月・お座り 7ヶ月 ハイハイ 8ヶ月・つかまり立ち 11ヶ月・ 歩行 15ヶ月 発語 喃語 4ヶ月　有意語 14ヶ月 二語文 34ヶ月 人見知り　ヶ月・指さし　ヶ月	排泄　おむつ　している 　　　はずした 30ヶ月 教えない 教える 30ヶ月 食事　自立　手　ヶ月 　　　スプーン　ヶ月 　　　箸　　36ヶ月 健診　異常なし	生活リズム	就寝：9時 起床：6時30分
			医療機関	なし

	相談日 ××年 ×月 ××日 ● （年齢 3歳 10か月）	相談日 ××年 ×月 ××日 ● （年齢 4歳 3か月）
問題点	● ことばが遅い。 ● ことばが少ない。 ● ことばが聞き取りにくい。二語文しか話せない。 ● 行動がマイペースでまわりを気にしない。 ● 臨機応変に行動できないことがある。	● ことばが不明瞭で聞き取りにくい。 ● 三語文を話すことが出てきたが，意味がわからないことがある。 ● 指先の力が弱いのか，箸をうまくもてない。 ● 突然の変更があると，どうしてよいかわからなくなる。 ● まわりと話が通じないことがある。
現在の様子と手だて	● 保育士のことばがけが伝わっているかどうかわからないときがある。 　→ 繰り返して，ゆっくり話しかける。 　→ 個別的に話しかけてみる。 　→ まわりのまねをするように，個別的に話す。 ● ことばが聞き取りにくく，何を言っているのかわからないときがある。 　→ わかった範囲で繰り返して聞いてみる。 　→ わからないときには，わからないと伝える。	● 生活面で戸惑ったり，立ちすくんでしまったりすることがある。 　→ 個別的に，ゆっくり話しかける。 　→ まわりのまねをするように，個別的に話す。 ● 箸を持つ練習をしているがうまくいかない。 　→ あせらずに，好ましい食事習慣の指導をする。フォークやスプーンをうまく使えるようにがんばらせる。 ● 突然の変更については，まわりをまねさせることを，最初から心がける。
助言	● ことばの遅れがあることは明らかなので，遠城寺式発達検査の経過観察を行う。 ● 生活習慣やメディアの問題に気をつける。保護者にも気をつけるように呼びかける。	● 家庭内でも，絵本の読み聞かせとお手伝いを徹底してもらう。 ● 指先の訓練として，フィンガーカラーリングを始める。保護者の協力を得られれば，なおよい。 ● 話すことに苦手意識を持たないように心がける。

家族構成	父 （ 45 歳） 母 （ 44 歳）
	兄弟姉妹 （兄 8 歳）（姉 6 歳）（　　歳）
	AD/HD にて通院中
	祖父 （　　歳） 祖母 （　　歳）
	その他の家族 （　　歳）（　　歳）

● 相談日　××年　×月　××日
　　（年齢　4歳　8か月）

- クラスのお友だちや担任には進んで話をするが，他のクラスの子どもや職員とはスムーズに話せない。
- 友だちとの会話で，自分の思いや要求を通そうとする。
- ルールのある遊びに加われないことがある。
（じゃんけんがわからない，鬼ごっこができない）

- 話す場を設定し，みんなの前で堂々と話す機会を与えている。
- 指先が少しずつ器用になってきている。
- 箸使いや製作面に少しずつ改善が認められている。
- ルールがわからないときには，保育士がしてみせるようにしている。
　→　まわりのお友だちと仲良く遊べるときには，たっぷり相手をしてあげている。

- 遠城寺式の発達検査での伸びが認められているので，これまで同様の対策でよい。
- タイミングをみて，保護者に「ことばの遅れ」について告知しておいた方がよい。小学校に向けて対策が必要。

（Dr 巡回用）

遠城寺式発達検査表

LD（学習障害）

著者注：3回の検査を一つにまとめた
青の評価：3歳10か月時
赤の評価：4歳3か月時
緑の評価：4歳8か月時

評価年齢の付け方

- 4歳3か月時(赤)，4歳8か月時(緑)の移動運動では，4歳4か月の項目(はずむボールをつかむ)まですべて合格しているので，発達年齢は4歳4か月とします。

- 3歳8か月時(青)の対人関係では，2歳3か月までの項目(電話ごっこをする)まで合格しているが，2歳6か月の項目(友だちとけんかをすると言いつけにくる)が不合格で，2歳9か月の項目(年下の子どもの世話をやきたがる)が合格しています。このような場合は，2歳6か月と2歳9か月の〇×をひっくり返して，発達年齢を2歳6か月としています。

- 3歳8か月時(青)の移動運動では，2歳9か月までの項目(立ったままでぐるっとまわる)まで合格しているが，3歳0か月と3歳4か月の項目が，できたりできなかったり(△：芽生え行動)しています。このような場合は，二つの△で一つの〇とみなして，3歳0か月の発達年齢としています。

事例1. 学習障害

　もともと，二語文が2歳10か月と遅れが認められており，経過観察されていた児童である。8歳の兄にAD/HDの家族歴があり，保護者は基本的な生活習慣（**LESSON 10**「生活習慣を身につけさせよう」の各項目など）について，医師からも指導を受けている経緯があって，本児についても，きちんと子育てをしようと意欲的である。

　3歳10か月の時点で，若干の運動発達の遅れがあるが，基本的生活習慣については，運動発達と同程度である。発語の遅れがあるために生じている対人関係の遅れは認められるが，周りとトラブルになるような行動異常は認められず，保育士の指導に対して素直に従おうとするようすがわかる。言語発達は発語ならびに言語理解の双方の遅れが認められている。

　保護者も，ことばの発達の遅れに気がついており，生活習慣やメディアの問題に気をつけるようにしている。このことの重要性については，**LESSON 10**「生活習慣を身につけさせよう」と**LESSON 14**「メディアの問題を考えて，保護者に正しい知識を啓蒙しよう」で触れている。

　また，言語発達の遅れがみられる子どもでは，**LESSON 13**「絵本の読み聞かせとお手伝い」が，家庭で無理なくできる「ことばの発達を促す」手段であると思われる。レディネスの原則（**LESSON 3**「遠城寺式発達検査表を使って子どもを指導しよう」）で示したように，遠城寺式発達検査表で「絵本を読んでもらいたがる（1歳6か月）」や「簡単な手伝いをする（1歳4か月）」といった下位の課題が十分にできないうちに，上位の課題が進んでいくことは普通はない（例外は，自閉症スペクトルにおけるhyperlexia）。4歳3か月の指導事項で，「絵本の読み聞かせとお手伝い」を徹底させているのは，そのような理由である。

　また，箸を持つ練習をしているがなかなかうまくいかないときに，無理強いすると，子どもが箸を持つことをいやがってしまう。その背景には微細運動障害があるので，食事のときには好ましい食習慣をつけることを優先しながら，微細運動障害のリハビリテーションを指示している。このリハビリテーション手法は，毎日5分のお絵かきの訓練であり，楽しく遊びながら行える。詳しくは拙著「新版 軽度発達障害の臨床」（p.146-148）を参照されたい。

　4歳3か月，4歳8か月と経過を追うと，レディネスの原則をうまく使いこなしながら保育士が指導していくことによって，遠城寺式発達検査表での評価では，遅れながらも順調に発達していることがわかる。

　ちなみに，本事例はこのペースで発達が認められ，小学校入学の就学時健診での精密検査にて，WISC-III FIQ 98（VIQ 86, PIQ 99）であり，言語性LDと診断が確定している。保育園での指導後は，小学校と筆者の病院での経過観察となり，「読み・書き・算」については大きな遅れを伴わずに（標準学力検査で65～85%）経過できている。小学校以降での基本的な指導方針については，拙著「診察室でする治療・教育―軽度発達障害に医師が使うスキル（明治図書）」に詳説している。

事例2．注意欠陥多動性障害（AD/HD）

評価シート

（ ぞう 組）（名前 よこやま まゆと ）（ 3 歳児クラス）

<table>
<tr>
<td rowspan="2">成育歴</td>
<td colspan="2">
出生時　分娩　正常　異常　体重 3170 g
　　　　　　　　　　　　　身長 49.5 cm
栄養　母乳　ミルク　混合　　ヶ月
　　　離乳開始　　ヶ月　離乳完了　　ヶ月
首のすわり 3ヶ月・寝返り 6ヶ月・お座り 4ヶ月
ハイハイ 8ヶ月・つかまり立ち 9ヶ月・
歩行 13ヶ月
発語　喃語 4ヶ月　有意語 14ヶ月
二語文 26ヶ月
人見知り　　ヶ月・指さし　　ヶ月
</td>
<td>
排泄　おむつ　している
　　　はずした　 36ヶ月
教えない　教える　30ヶ月
食事　自立　手　　ヶ月
　　　スプーン　　ヶ月
　　　箸　　36ヶ月
健診　異常なし
</td>
<td>生活リズム</td>
<td>
就寝：8時ないし
　　　　8時半
起床：6時
</td>
</tr>
<tr>
<td>医療機関</td>
<td>● ○市民病院</td>
</tr>
<tr>
<td></td>
<td colspan="2">
● 相談日　××年　×月　××日
　　　（年齢　3歳　10か月）
</td>
<td colspan="2">
● 相談日　××年　×月　××日
　　　（年齢　4歳　4か月）
</td>
</tr>
<tr>
<td>問題点</td>
<td colspan="2">
● トラブルになると，友だちを押したり，たたいたりする。
● 部屋から出て行ってしまう。
● 遊びに集中していると，おもらしをしてしまう。
● 興味が移りやすく，活動に集中できない。
</td>
<td colspan="2">
● 自分より小さい子どもに対しても，たたいたり，使っているおもちゃを黙って取ったりする。
● 親子一緒の行事の時に，気持ちがいつも以上に高まり，母親を困らせる行動を取る。たとえば，隣に座っている子どもを遊びにさそう，部屋を走り回る。
</td>
</tr>
<tr>
<td>現在の様子と手だて</td>
<td colspan="2">
● 友だちがいやがることを，繰り返して行う。
　→ 保育士が相手に謝る姿を本児にも見せる。
　→ 友だちに伝えたいと思われることを，本児の代わりに伝えてみる。
● 排尿の予告が難しい。失敗しても気づかずに遊び続ける。
　→ 個別にトイレに誘いかける。
　→ 汚れに早く気がつけるように，頻回にチェックして，清潔な感覚を教え込む。
● 活動に集中できない原因を除去する。
　→ できるだけ端的に，一言で伝える。
</td>
<td colspan="2">
● 訳もなく友だちをたたいたりする。
　→ 保育士が本児と相手の間に入る。
　→ 相手を抱き上げ，被害を防止する。
● 排尿を事前に伝えるようになってきた。しかし，遊びに熱中していると失敗する。
　→ これまでの対応を続ける。
● テンションが高くなったときには，クールダウンするまで待つ。
　→ 母親にも，クールダウンを教えてみる。
　→ 母親にも，ペアレントトレーニングの原則を教えてみる。
</td>
</tr>
<tr>
<td>助言</td>
<td colspan="2">
● 環境要因の可能性も考えて，遠城寺式発達検査の経過観察を行う。虐待の可能性も考えておく。
● 余計なことをいわないように注意する。
</td>
<td colspan="2">
● これまで同様の対策でよいが，遠城寺式の結果ののびがあまりないのが少し気になる。
● 母親の困り感が高まるようなら，AD/HDの可能性を考えて，病院に紹介することを考慮する。
</td>
</tr>
</table>

これは，実例を元に再構成した仮想事例です。

家族構成	父（ 35 歳）　母（ 32 歳） 兄弟姉妹（兄　7 歳）（　　歳）（　　歳） 祖父（　　歳）　祖母（　　歳） その他の家族（　　歳）（　　歳）

遠城寺式発達検査表の経過から 1 年にわたり症状が存在していることが明らかであるとして，AD/HD の診断にて薬物療法が開始された。
（加療開始 4 か月後）

相談日　××年　×月　××日 ● （年齢　4 歳　8 か月）	相談日　××年　×月　××日 ● （年齢　5 歳　6 か月）
● まわりのお友だちと遊ぶ機会が増えてきた。しかし，もめごとが起こると暴言をあびせかける。 ● けんかになると，一方的に話し続けて止まらない。 ● 園から帰るときには相変わらず母親を困らせる。家庭内でも，園と同じような行動が多く，母親も困り始めている。	● 指示が入りやすくなっているが，まだまだまわりと同じにできないことがあって，かっとなりやすい。 ● へりくつを言って，フリーの保育士に甘えてみたり，保護者を困らせたりする行動が認められる。
● 訳もなく友だちをたたいたりするが，以前に比べれば減ってきている。 　→ たたいた相手に，謝るようにしている。 ● 排尿を保育所で失敗することはなくなった。 ● 良いことと悪いことを端的に伝えている。 　→ 良いことをほめることに，重点を置いている。 　→ まわりのお友だちと仲良く遊べるときには，たっぷり相手をしてあげている。 ● 母親がだんだん疲れてきている。家庭内の対応に苦慮しており，兄との違いがわかってきている。	● 訳もなく友だちをたたいたりすることはなくなったが， 　→ 保育士が本児と相手の間に入る。 　→ 相手を抱き上げ，被害を防止する。 ● 排尿の失敗がなくなったが，口争いは相変わらず多い。 　→ 謝ることを教える。 ● テンションが高くなったときには，クールダウンするまで待つ。 　→ 母親にも，ペアレントトレーニングの原則を教えている。母親も，子どもの相手をしやすくなったので，うまく切り抜けることを覚えてきたようだ。
● AD/HD の可能性が高いので，病院を受診することをお勧めする。お勧めは管理職が行い，うまくいった事例を紹介すること。 　→ 保護者の了解の元，病院に紹介することになった。初回診察時には，担任が同行して情報提供・収集を行う。	● 遠城寺式の結果ののびが，だいぶ認められる。このままの保育でよい。必要に応じて，母親への子育て支援もお願いしたい。 ● へりくつが増えたのは一次反抗期の表れで，むしろよいこと。対応の仕方を徹底すること。母親にもやり方を教えてあげてください。 ● 小学校への申し送りをきちんと行うこと。

（Dr 巡回用）

遠城寺式発達検査表

5歳6か月(投薬後)

注意欠陥多動性障害(AD/HD)

著者注：4回の検査を一つにまとめた
(左側) 青の評価：3歳10か月時
　　　 赤の評価：4歳4か月時
　　　 緑の評価：4歳8か月時
(右側) 青の評価：5歳6か月時(投薬後)

© 1977 遠城寺宗徳 (発行所　慶應義塾大学出版会)

事例2. 注意欠陥多動性障害（AD/HD）

　3歳10か月の時点では，行動異常があることへの確認が行われているに過ぎない。落ち着きのなさや興味の移りやすさから，注意欠陥多動性障害（AD/HD）の可能性も否定はしないが，同様の行動異常を示す状態として，ネグレクトなどの環境要因も否定できない。

　よって，日常から行っている，**LESSON 10**「生活習慣を身につけさせよう」の各項目，具体的には，早寝早起き朝ご飯，しつけの三原則やメディアの問題の有無を観察して環境要因による行動異常の対策がとられていることを確認させている。

　また，AD/HDの子どもでは，作業記憶の乏しさが大きな問題になるため，**LESSON 24**「何でも一言で提示しよう」の確認を行っている。なぜなら，作業記憶の乏しい子どもに，さまざまな説明を加えると，先に言われた内容とどちらが大切なのかがわからなくなって，混乱してしまうことがあるからだ。

　4歳4か月の時点では，保護者も子どもの対応に困り始め，保育士が母親にペアレントトレーニングの原則（**LESSON 15, 23**）を教えている。保護者は保育士に協力的であり，子どもの行動異常の原因として，環境要因による行動異常ではなく，AD/HDである可能性が高くなってきたと考えられる。

　また，遠城寺式発達検査でのフォローアップ記録によれば，心理的なアプローチによる対策をとっているにもかかわらず，発達が停滞していることも明らかになってきている。すなわち，心理的対応だけでは，うまくいかない可能性も考え始めている。実際，診断基準を満たしてはいないが反抗挑戦性障害の診断項目に相当する行動が出始めている。

　実際に，3歳児クラスが終了する4歳8か月時点では，家庭内での行動異常が増加しており，AD/HDなどの発達障害の可能性についても考慮する必要があるとして，病院への紹介が行われている。この紹介の際には**LESSON 41**「管理職の方へ——あなたしかできない保護者との連携」が行われている。**LESSON 40**「外部機関との連携にあたって必要なこと」を活用して，病院との連携を開始している。

　本事例では，実際に注意欠陥多動性障害と診断がつき，すでに心理的アプローチが十分になされても十分な効果をあげていないことから，薬物療法が開始されている。薬物療法の調整には若干の時間がかかり，家庭内・保育所内での行動改善が認められつつある。実際，反抗挑戦性障害の診断項目に相当する行動は，明確に減少している。その一方で，正常な発達の一段階である「一次反抗期」の前触れが認められることから，保護者と保育士が連携して，一次反抗期対策（**LESSON 35** 一次反抗期はよいこと）を行い始めている。

　このように早期発見・早期治療ができた場合，この後に，療育手続きが可能である。具体的には，微細運動能力のリハビリテーション（フィンガーカラーリング：拙著　新版　軽度発達障害の臨床 p.146-148）や，ひらがな等の書字の練習（同書 p.148-149）を行った後に小学校に入学させられる。小学校入学後の学習不振を予防する意味で大変意義があると思われる。

事例3. 自閉症スペクトル

評価シート

(ぞう 組)(名前 よこやま ひろと)(3 歳児クラス)　これは，実例を元に再構成した仮想事例です。

成育歴	出生時　分娩 正常 異常　体重 2810 g　　　　　身長 48.5 cm 栄養　母乳　ミルク　混合　　ヶ月 　　　離乳開始　ヶ月　離乳完了　ヶ月 首のすわり 3ヶ月・寝返り 6ヶ月・お座り 7ヶ月 ハイハイ 8ヶ月・つかまり立ち 9ヶ月・ 歩行 16ヶ月 発語　喃語 8ヶ月　有意語　　ヶ月 二語文　　ヶ月 人見知り　　ヶ月・指さし　　ヶ月	排泄　おむつ している 　　　はずした　　ヶ月 教えない　教える　　ヶ月 食事　自立　手　　ヶ月 　　　スプーン　　ヶ月 　　　箸　36ヶ月 健診　異常なし	生活リズム	就寝：8時ないし9時 起床：6時
			医療機関	児童相談所 子育て支援センター

	相談日　××年　×月　××日 ●　（年齢　3歳　9か月）	相談日　××年　×月　××日 ●　（年齢　4歳　4か月）
問題点	● 声をかけても振り向かない。指示が自分に向けられていることがわからない。 ● 視線が合わない。 ● 意味のあることばが少ない。場面にあったことばがない。 ● 特定のもの（キーホルダー）に興味が移りやすく，活動に興味を持っていられない。	● 前回の問題点が同様に続いている。 ● 園庭の遊具に興味を持つようになったのはよいが，天候にかかわらず出て行こうとしてしまう。
現在の様子と手だて	● 視線を合わせる練習を行う。 　→ 最近は，担任の保育士には，目が合う時間が増えてきた。 ● 突然，何かをしゃべり出す。突然，歌い出す。 　→ 相手をせずに，無視するようにしている。 　→ その場で行うべきことがあるなら，それをしてみせている。最近は，たまにあいさつに従える。	● 視線を合わせる練習の成果か，教室では担任に目が合うようになった。 ● 最近，自分の靴を靴箱からとって，履くことを覚えた。 ● 園庭の遊具に興味を持つようになった。 　→ 園庭に出られないときには，靴箱を保育士が自分の身体で隠して対応している。 ● 便器に座ることを覚えた。タイミングが合えば，排尿することができるときもある。
助言	● 自閉症スペクトルが疑われる。 ● 保護者はどの程度気がついているのか確認が必要。 　→ 児童相談所の精検を受けることになっている。 （追記）児童相談所から，自閉症の告知がなされた。	● 視線を合わせる練習が進んでいるので，HACプログラムをはじめるのもよい。 ● 1歳児の弟が本児のまねをしていないかチェックしておく。 まねがあるようなら，正しい行動を教え直すこと。

家族構成	父 (35 歳)　母 (32 歳) 兄弟姉妹　(1 歳)(　歳)(　歳) 祖父 (　歳)　祖母 (　歳) その他の家族　(　歳)(　歳)

● 　　　　　相談日　××年　×月　××日
　　　　　　（年齢　4歳　8か月）

- 担任をみると近づいてくるようになったが，何かを指示されても，自分のことだとはわからないようだ。
- ことばは相変わらず発達していない。自分の好きなことばを自分勝手に話している。
- 時間を決めてトイレに誘っているが，排尿に成功することはまだまだ少ない。

- HACプログラムの「追いかけっこ」を好んで行い，担任を追いかけることを覚えた。担任のそばにいる時間が増えた。
- 担任のそばにいる時間が増えた結果として，園庭に逃げてしまうことは減ってきた。
    → 自分の靴を靴箱からとって，外に出ようとしたときに，靴をしまうようにいうと，靴をしまってくることもある。
- 担任のしたことを覚えていて，同じことをしようとしてできないと泣き出してしまう。
    → その時間にふさわしい行動をサブ（副担任）がしてみせるようにしている。

- HACプログラムのAプログラムを確実に毎日15分行う。
- 可能なら，お母さんにもHACプログラムをしてもらうとなおよい。
- パターンは覚えられるけれど，意味がわかっていないことを理解しておこう。

(Dr巡回用)

遠城寺式発達検査表

自閉症スペクトル

年:月	移動運動	手の運動	基本的習慣	対人関係	発語	言語理解
4:8						
4:4						
4:0						
3:8	幅とび（両足をそろえて前にとぶ） ✕	十字をかく ✕ ✕ ✕				
3:4	でんぐりかえしをする ✕	ボタンをはめる ✕ ✕ ✕	顔をひとりで洗う ✕ ✕ ✕			
3:0	片足で2〜3秒立つ ✕	はさみを使って紙を切る 〇 〇	上着を自分で脱ぐ ✕ ✕ ✕	ままごとで役を演じることができる	二語文の復唱(2/3) ✕	赤，青，黄，緑がわかる (4/4)
2:9	立ったままでくるっとまわる ✕	まねて〇をかく ✕ ✕ ✕	靴をひとりではく ✕ 〇 〇	年下の子供の世話をやきたがる	二数詞の復唱(2/3) ✕	長い，短いがわかる
2:6	足を交互に出して階段を上がる 〇 〇	まねて直線を引く 〇 〇	こぼさないでひとりで食べる ✕ 〇 △	友達とけんかをすると言いつけにくる	自分の姓名を言う ✕ ✕	大きい，小さいがわかる ✕
2:3	両足でぴょんぴょん跳ぶ	鉄棒などに両手でぶらさがる ✕ ✕ ✕	ひとりでパンツを脱ぐ	電話ごっこをする	「きれいね」「おいしいね」などの表現ができる	鼻，髪，歯，舌，へそ，爪を指示する (4/6)
2:0	ボールを前にける	積木を横に二つ以上ならべる	排尿を予告する	親から離れて遊ぶ 〇 〇 〇	二語文を話す（「わんわんきた」など）	「もうひとつ」「もうすこし」がわかる
1:9	ひとりで一段ごとに足をそろえながら階段をあがる	鉛筆でぐるぐるまるをかく	ストローで飲む	友達と手をつなぐ	絵本を見て三つのものの名前を言う	目，口，耳，手，足，腹を指示する (4/6)
1:6	走る	コップからコップへ水をうつす	パンツをはかせるとき両足をひろげる	困難なことに出会うと助けを求める	絵本を見て一つのものの名前を言う	絵本を読んでもらいたがる
1:4	靴をはいて歩く	積木を二つ重ねる	自分の口もとをひとりでふこうとする	簡単な手伝いをする	3語言える	簡単な命令を実行する
1:2	2〜3歩あるく	コップの中の小粒をとり出そうとする	お菓子のつつみ紙をとって食べる	ほめられると同じ動作をくり返す	2語言える	要求を理解する(3/3)
1:0	座った位置から立ちあがる	なぐり書きをする	さじで食べようとす	父や母の後追いをする	ことばを1〜2語，正しくまねる	要求を理解する(1/3)
0:11	つたい歩きをする	おもちゃの車を手で走らせる	コップを自分で持って飲む	人見知りをする	音声をまねようとす	「バイバイ」や「さようなら」のことばに反応する
0:10	つかまって立ちあがる	びんのふたを，あけたりしめたりする	泣かずに欲求を示す	身ぶりをまねする（オツムテンテンなど）	さかんにおしゃべりをする（喃語）	「いけません」と言うと，ちょっと手をひっこめる
0:9	ものにつかまって立っている	おもちゃのたいこをたたく	コップなどを両手で口に持っていく	おもちゃをとられると不快を示す	タ，ダ，チャなどの音声が出る	
0:8	ひとりで座って遊ぶ	親指と人さし指でつかもうとする	顔をふこうとするといやがる	鏡を見て笑いかけたり話しかけたりする	マ，バ，パなどの音声が出る	
0:7				親しみと怒った顔がわかる	おもちゃなどに向かって声を出す	親の話し方で感情をききわける（禁止など）
0:6				鏡に映った自分の顔に反応する	人に向かって声を出す	
0:5				人を見ると笑いかける	キャーキャーいう	母の声と他の人の声をききわける
0:4				あやされると声を出して笑う	声を出して笑う	
0:3				人の声がする方に向く	泣かずに声を出す（アー，ウァ，など）	人の声でしずまる
0:2				人の顔をじいっと見つめる	いろいろな泣き声を出す	
0:1	あおむけでときどき左右に首の向きをかえる	手にふれたものをつかむ	空腹時に抱くと顔を乳の方に向けてほしがる	泣いているとき抱きあげるとしずまる	元気な声で泣く	大きな音に反応する
0:0	移動運動	手の運動	基本的習慣	対人関係	発語	言語理解
	運 動		社 会 性		言 語	

ⓒ 1977 遠城寺宗徳（発行所　慶應義塾大学出版会）

著者注：3回の検査を一つにまとめた
青の評価：3歳9か月時，赤の評価：4歳4か月時，緑の評価：4歳8か月時

122　付　録

事例3. 自閉症スペクトル

　自閉症スペクトルの子どもが保護者の第1子であると，保護者が自閉症スペクトルの子どもにあわせて母性や父性を形成することがある。本事例の場合，定型発達をみせる第2子がいるので，本児の異常に気がつくことができたのは不幸中の幸いである。

　3歳9か月の時点では，発語が認められるもののコミュニケーションとしての発語はほとんど認められず，独り言のようなことばがほとんどである。このような行動は，まさに質的な障害（**LESSON 44** 自閉症スペクトルの支援について）で認められる。

　このような状況で一番最初に行うことは「視線を合わせる練習（p.109）」であるが，経験豊富な保育士はすでにその対策を行っていた。

　保育所の巡回指導のときに，実際に筆者がかかわって，行動観察の際にも共同注視が認められないことや，コミュニケーションにならない独り言が多数認められたことから，自閉症スペクトルとして療育が必要なことを保育士と共有できたが，保護者との共有も必要であり，そのことを助言している。幸い，児童相談所の相談事業で，自閉症スペクトルであることが告知され，保育園と保護者の連携もとれるようになった。

　4歳4か月のときには，視線を合わせる練習を開始して半年が経過しているため，担任との視線のやりとりができるようになっていた。しかしながら，視線のやりとりができるようになった結果として，保育所の中のさまざまな遊び道具に，本事例の子どもが興味関心をもつようになっており，むしろ保育士の手を必要とする行動が目立つようになっている。その一方で，自分の靴を靴箱からとって履くといった好ましい行動も認められるようになっており，良い行動と悪い行動とが同時に認められるようになる「まだらのような」発達の仕方をしており，次の段階に療育を進めていけることを意味している。

　このような場合，筆者は共同注視（p.109）を教えることにしている。共同注視とは，相手をしている人の視線の先を見る能力で，定型発達では1歳半から2歳で行えるようになるが，自閉症スペクトルでは訓練をして教えなければ，習得できないことが多い。筆者は，共同注視を教えるときに，海野健氏が作成した「ママがする自閉症児の家庭療育（通称HACプログラム）」のAプログラムを利用することが多い。簡便で誰でもできる訓練なのが特徴である。

　本事例の場合，4歳8か月でも遠城寺式発達検査表における言語理解は特定の場所でのみできる「できたり，できなかったり」の項目が多く，社会性の領域でも言語の領域でも，年齢の半分以下の発達であることから少しずつ保護者の障害（理解）を促す必要があると考えられる。すなわち，**LESSON 43**「就学指導を考える」に示したように，4歳児クラスのうちに，保護者に子どもの状況を少しずつ伝え，少しずつ受容してもらえるとよい。

　実際，本事例は（地域にもよるが）特別支援学校がふさわしい子どもであろうと，4歳8か月の時点で想定できる。筆者の外来に通院している子どもであれば，4歳児クラスにはいってまもなくの外来で，特別支援学校の見学をお薦めするところである。このときのコツは，「あなたのお子さんは特別支援学校がふさわしい」と指導するのではなく，「特別支援学校のよいところをみてきてください」という指導である。就学の直前になってから特別支援学校を見学しても，保護者は何がよくて何が悪いのかを判断する時間的余裕がないからである。

事例4. 虐待

評価シート

(ぞう 組)(名前 よこやま そよか)(3 歳児クラス)　これは，実例を元に再構成した仮想事例です。

成育歴	出生時　分娩 正常 異常　体重 2670 g　身長 46.5 cm 栄養　母乳 ミルク 混合　ヶ月 　　　離乳開始　ヶ月　離乳完了　ヶ月 首のすわり 3ヶ月・寝返り 6ヶ月・お座り 4ヶ月 ハイハイ 8ヶ月・つかまり立ち 9ヶ月・ 歩行 13ヶ月 発語　喃語 4ヶ月　有意語 14ヶ月 二語文 26ヶ月 人見知り　ヶ月・指さし　ヶ月	排泄　おむつ している 　　　 はずした　60ヶ月 　　　教えない 教える 48ヶ月 食事　自立　手　ヶ月 　　　スプーン　ヶ月 　　　箸　36ヶ月 健診　異常なし	生活リズム	就寝：10時ごろ 起床：7時ないし8時
			医療機関	児童相談所

	相談日　××年　×月　××日 ● （年齢　3歳　2か月）	相談日　××年　×月　××日 ● （年齢　3歳　7か月）
問題点	● 自分より弱い子を押したり，たたいたりする。 ● たたかないと気がすまない。 ● 止めに入った保育士をたたいたりする。 ● 食べ方が汚い。汚れても平気。 ● 虫歯がたくさんあることがわかった。	● 自分より小さい子どもに対しても，わけもなくたたいたり，使っているおもちゃを黙って取ったりする。 ● 送迎時に母親を困らせる行動がみられる。家に帰ろうとしない。 ● 好き嫌いが多く，食べられないものが多い。母親役が食べると食べることもある。
現在の様子と手だて	● 友だちがいやがることを，繰り返して行う。 　→ 保育士が相手に謝る姿を本児にも見せる。 　→ 友だちに伝えたいと思われることを，本児の代わりに伝えてみる。 　→ まわりの子どもたちの保護を優先すること 集団の中では，母親役の保育士が側についたり見守ったりすることで，落ち着いて生活できるようになりつつある。 ● 顔に傷をつけ，あざをつくってきた（●月●日）母親はどこかでぶつけたと話していたが，本児は「パパ，パンチした」といっていた。 ● 外遊びで服が汚れても気にせず，まわりを泥だらけにする。 　→ 着替えを促し，きれいな様子を教える。	● 訳もなく友だちをたたいたりする。 　→ 保育士が本児と相手の間に入る。 　→ 相手を抱き上げ，被害を防止する。 ● 「早寝・早起き・朝ごはん」をクラス全体で取り組んだ結果として，本児の生活習慣も少し改善している。最近は9時ごろに寝るようになったらしい。 ● 大きい子に対する乱暴がなくなり，小さい子に対してはやさしくかかわろうとするが，力加減がわからない。 ● 他の子どもの思い（痛い・いやだ）がわからない。 　→ 思いを伝えて，謝るように促している。本人が謝れないときには母親役の保育士が代わりに謝るようにしている。
助言	● 母親役による支援を続ける。 ● 身体的な虐待が続くときには，児童相談所，子育て支援課に報告すること。 ● ネグレクトにも注意。食事の確保を確認すること。	● 遠城寺式の発達検査での伸びが認められているので，これまで同様の対策でよい。 ● まわりにしていることは，本人が家庭でされている可能性が高いことを認識しておくこと。

|家族構成| 父（　歳）母（27歳）再婚
（内縁の夫が同居　25歳）
兄弟姉妹（　歳）（　歳）（　歳）
祖父（　歳）　祖母（　歳）
その他の家族（　歳）（　歳） |

● 相談日　××年　×月　××日
　　（年齢　4歳　3か月）

- まわりのお友だちと遊ぶ機会が増えてきた。もめごとが起こると暴言をあびせかける。しかし手は出なくなってきた。
- 気に入らないことがあると，母親役にだだをこねるようになってきた。
- 園から帰るときには相変わらず母親を困らせる。

- 園長からの再三の声がけで，歯医者に通うようになっている。虫歯の痛みがなくなってきたためか，好き嫌いがなくなってきた。
- 正しい行動に相手をして，減らしたい行動に相手をしないことで，だんだん減らしたい行動が減ってきた。
- 母親役に対して，甘えが認められる。このまま認めていて良いのか。
- 良いことと悪いことを端的に伝えている。少しずつ区別がつくようになってきているように思われる。
  → 良いことをほめることに，重点を置いている。
  → まわりのお友だちと仲良く遊べるときには，たっぷり相手をしてあげている。

- 遠城寺式の発達検査での伸びが認められているので，これまで同様の対策でよい。
- 母親役に甘えるようになってきたのは，愛着形成の過程でよく認められること。よいことと考えてよい。

（Dr 巡回用）

遠城寺式発達検査表

氏名：被虐待児

[年:月]	移動運動	手の運動	基本的習慣	対人関係	発語	言語理解
4:8	スキップができる	紙飛行機を自分で折る	ひとりで着衣ができる	砂場で二人以上で協力して一つの山を作る	文章の復唱(2/3)	左右がわかる
4:4	ブランコに立ちのりしてこぐ	はずむボールをつかむ	信号を見て正しく道路をわたる	ジャンケンで勝負をきめる	四数詞の復唱(2/3)	数の概念がわかる(5まで)
4:0	片足で数歩とぶ	紙を直線にそって切る	入浴時、ある程度自分で体を洗う	母親にことわって友達の家へ遊びに行く	両親の姓名、住所を言う	用途による物の指示(5/5)
3:8	幅とび（両足をそろえて前にとぶ）	十字をかく	鼻をかむ	友達と順番にものを使う（ブランコなど）	文章の復唱(2/3)	数の概念がわかる(3まで)
3:4	でんぐりかえしをする	ボタンをはめる	顔をひとりで洗う	「こうしていい?」と許可を求める	同年齢の子供と会話ができる	高い、低いがわかる
3:0	片足で2〜3秒立つ	はさみを使って紙を切る	上着を自分で脱ぐ	ままごとで役を演じることができる	二語文の復唱(2/3)	赤、青、黄、緑がわかる(4/4)
2:9	立ったままでくるっとまわる	まねて○をかく	靴をひとりではく	年下の子供の世話をやきたがる	二数詞の復唱(2/3)	長い、短いがわかる
2:6	足を交互に出して階段を上がる	まねて直線を引く	こぼさないでひとりで食べる	友達とけんかをすると言いつけにくる	自分の姓名を言う	大きい、小さいがわかる
2:3	両足でぴょんぴょん跳ぶ	鉄棒などに両手でぶらさがる	ひとりでパンツを脱ぐ	電話ごっこをする	「きれいね」「おいしいね」などの表現ができる	鼻、髪、歯、舌、へそを指示する(4/6)
2:0	ボールを前にける	積木を横に二つ以上ならべる	排尿を予告する	親から離れて遊ぶ	二語文を話す（「わんわんきた」など）	「もうひとつ」「もうすこし」がわかる
1:9	ひとりで一段ごとに足をそろえながら階段をあがる	鉛筆でぐるぐるまるをかく	ストローで飲む	友達と手をつなぐ	絵本を見て三つのものの名前を言う	目、口、耳、手、足、腹を指示する(4/6)
1:6	走る	コップからコップへ水をうつす	パンツをはかせるとき両足をひろげる	困難なことに出会うと助けを求める	絵本を見て一つのものの名前を言う	絵本を読んでもらいたがる
1:4	靴をはいて歩く	積木を二つ重ねる	自分の口もとをひとりでふこうとする	簡単な手伝いをする	3語言える	簡単な命令を実行する
1:2	2〜3歩あるく	コップの中の小粒をとり出そうとする	お菓子のつつみ紙をとって食べる	ほめられると同じ動作をくり返す	2語言える	要求を理解する(3/3)
1:0	座った位置から立ちあがる	なぐり書きをする	さじで食べようとする	父や母の後追いをする	ことばを1〜2語、正しくまねる	要求を理解する(1/3)
0:11	つたい歩きをする	おもちゃの車を手で走らせる	コップを自分で持って飲む	人見知りをする	音声をまねようとする	「バイバイ」や「さようなら」のことばに反応する
0:10	つかまって立ちあがる	びんのふたを、あけたりしめたりする	泣かずに欲求を示す	身ぶりをまねする（オツムテンテンなど）	さかんにおしゃべりをする（喃語）	「いけません」と言うと、ちょっと手をひっこまる
0:9	ものにつかまって立っている	おもちゃのたいこをたたく	コップなどを両手で口に持っていく	おもちゃをとられると不快を示す	マ、ダ、チャなどの音声が出る	
0:8						
0:0	移動運動	手の運動	基本的習慣	対人関係	発語	言語理解
	運動		社会性		言語	

© 1977 遠城寺宗徳（発行所　慶應義塾大学出版会）

著者注：3回の検査を一つにまとめた
青の評価：3歳2か月時
赤の評価：3歳7か月時
緑の評価：4歳3か月時

事例 4. 虐待

　本事例は児童相談所がかかわるなど，家庭内にさまざまな問題を抱えていることが明らかな子どもの場合である。

　3歳2か月において，「運動」領域ではほぼ年齢相応であるが，「社会性」「言語」の領域では，対人関係並びに言語理解で大きな遅れが存在している。また，行動面でも，自分より弱い子どもを押したりたたいたり，止めに入った保育士をたたくなど，暴力的な行動が多く認められる。

　このような場合に，よくある支援者の失敗は，本児をしつけようとして失敗してしまうことだ。**LESSON 8**「0歳児保育のうちに子ども虐待をみつけよう」に，「不安定な愛着形成ができあがると，子どもは他人の言うことを信用しません。よって，しつけることができません」と記載したことが，実感として理解できないからだ。

　本事例の行動は，この子どもがふだん家庭でみていること，されていることと理解することが大切だ。つまり，何か問題があると暴力で解決されているので，そのように，この子どもも行動していると察するのである。このことが実感できれば，支援者が言って聞かせても無駄であることはすぐにわかるだろうし，支援者が厳しく罰することをすれば，それはすなわち支援者がこの子どもを虐待しているのと同じであることも理解できるだろう。

　正しい対応は，あくまで，「人を信じることを教えること」であり，愛着形成の再習得である(詳しくは拙著「新版　軽度発達障害の臨床」(p.48-57, p.207-211)を参照されたい)。

　不適切な扱いを受けている子どもについては，**LESSON 5**「食行動を育てよう／食行動は何より大切」にも記載したが，本例のように「虫歯が多い」こともよく見られる。虫歯が多いことは，虐待を見つける手がかりといってよい。

　本事例の場合は，保育所に入所後に，児童相談所や子育て支援センターとの連携のもとで対応が行われた。**LESSON 40**「外部機関との連携にあたって必要なこと」や**LESSON 41**「管理職の方へ ── あなたしかできない保護者との連携」を実際に行い，情報の収集を行い，また，子どもを観察することで，安全の確保(衣食住の保障)を行っている。

　このような連携の元で，愛着形成の再習得を目標として，保育を続けた結果，4歳3か月時には，母親役(愛着形成の再習得の対象者)の保育士に正しく甘えることができるようになった。これは大きな成果である。ちなみに，ここまでくると，しつけが可能になる。ただし，この時期では，家庭内の母親にも甘えてみせるので，母親が子どもの甘えに対応できないこともあり得る。そのような場合は，担任が母親にどのように対応するのかを教える必要も出てくる。

　ちなみに，本事例では，母親が「自分の子育てが下手」だと認識して周囲に相談するようになり，小学校入学前には，筆者の外来を受診するようになっている。外来にて母親の面倒を筆者が見る一方で，保育士や教師が子どもの愛着形成をはぐくむ役を続けていると，小学校2ないし3年生ごろには，家庭内においても，安定した行動がとれるようになっていった。子どもの愛着形成が再習得されて行くにつれ，母親も母性的な行動がとれるようになっていくからである。

　被虐待による行動異常に対して，小学校入学前に対応が開始されることの意義は大変大きいことを強調しておきたい。

評価シート

(　　組) (名前　　　　　　) (　　歳児クラス)

成育歴	出生時 分娩 正常 異常 体重　　　g 身長　　　cm 栄養 母乳 ミルク 混合 　　　離乳開始　ヶ月　離乳完了　ヶ月 首のすわり　ヶ月　寝返り　ヶ月　お座り　ヶ月 ハイハイ　ヶ月　つかまり立ち　ヶ月 歩行　ヶ月 発語 喃語　ヶ月　有意語　ヶ月 二語文　ヶ月 人見知り　ヶ月・指さし　ヶ月	排泄 おむつ している　ヶ月 　　　はずした　ヶ月 　　　教えない 教える　ヶ月 食事 自立 手　ヶ月 　　　スプーン　ヶ月 　　　箸　ヶ月 健診	生活リズム	就寝： 起床：	家族構成	父　(　歳)　母 (　歳) 兄弟姉妹 (　歳)(　歳)(　歳) 祖父 (　歳)　祖母 (　歳) その他の家族 (　歳)(　歳)	
	相談日　年　月　日 (年齢　歳　か月)		相談日　年　月　日 (年齢　歳　か月)			相談日　年　月　日 (年齢　歳　か月)	
問題点							
現在の様子と手だて							
助言							

128　付　録

睡眠・覚醒記録表

	午前	午後	気分
	0 2 4 6 8 10	0 2 4 6 8 10 12	−2 −1 0 +1 +2
1日( )			
2日( )			
3日( )			
4日( )			
5日( )			
6日( )			
7日( )			
8日( )			
9日( )			
10日( )			
11日( )			
12日( )			
13日( )			
14日( )			
15日( )			
16日( )			
17日( )			
18日( )			
19日( )			
20日( )			
21日( )			
22日( )			
23日( )			
24日( )			
25日( )			
26日( )			
27日( )			
28日( )			
29日( )			
30日( )			
31日( )			
特記事項			

眠りの状態　■ぐっすり眠った　▨うとうとしていた　□眠らず床についていた　□起きていた

気分の状態　(−2)ひどく悪い　(−1)少し悪い　(0)普通　(+1)好調　(+2)絶好調

縦線の上に○をつけて下さい

睡眠障害がある場合に気をつけるべきこと

① 昼寝は，午後2時をめどに(起きてから6時間は眠れない)。
② 休日の朝にこそ，早起きを(遅起きをすると，遅寝につながる)。
③ 空腹も，満腹も，睡眠に悪い。
④ 日中に，たっぷり運動を。
⑤ お風呂は，あまり遅くない時間に。
⑥ 夏休み・冬休み・春休みの「遅寝・遅起き」は，休み明けの「荒れ」を保証するようなもの。
⑦ TV/ゲーム/インターネットでの「遅寝・遅起き」も，「荒れ」を保証するようなもの。

INDEX

● 和　文 ●

あ
あいさつ　28
愛情　16
愛着形成　14,16,19,21,70,79
朝ごはん　27
頭のなで方　39,40

い
意志決定　3
一時反抗期　57,68,78,86
移動運動　12
インターネット　91

う
運動能力　12
運動発達　84

え
絵本の読み聞かせ　30,33,36,37,42
遠城寺式・乳幼児分析的発達検査表（遠城寺式発達検査表）　4,7
遠城寺宗徳　4

お
お手伝い　30,33,83
おむつの外し方　67
おもらし　67

か
外部機関　98
学習課題　8
学習障害　30,112

数の概念　6
学級経営　72,73,74,75
家庭教育　66
　──の外注　66,80
感情　19
管理職　100

き
虐待　23,77,79,102,126
　──，子ども　14,20,23,64,77
　──，身体的　20
　──，心理的　20
　──，性的　20
協調運動　93
共同注視　109

け
経験不足　10,66
掲示場所　46
下痢　15

こ
行動異常　21,23,33,64,66,77,78
行動障害　21
5歳児健診　93
ごっこ遊び　76
こっちみて行動　34,71
子ども虐待　14,20,23,64,77
子ども集団　38
子どもの配置　42,75
個別指導　97,104
ごほうび　34

コミュニケーション　89

さ
作業記憶　57
作品掲示　46

し
自我の目覚め　37,68,69,71,76,86
自己有能感　8
視線の使い方　39
しつけの3原則　28
しつけの基本　18
質的な障害　110
失敗　23,54
指導者の動線　44
指導者の背景　41
自閉症スペクトル　65,103,108,122
就学　106
集団行動　38
自由保育　8
瞬発力　84
小学校に入るまでにできてほしいこと　25,95
食事　15,32
身体的虐待　20
心理的虐待　20

す
睡眠　27,129
スキンシップ　16

せ

生活習慣　24
生活リズム　37
　——を整える工夫　36
性的虐待　20
整理整頓　28,48
絶対許せない行動　55
設定保育　43,105

そ

掃除　48
粗大運動　12,36

た

立ち位置　41,47,51
抱っこ　17

ち

知的障害　103
注意欠陥多動性障害　116

つ

通常学級　103,107
ティーム・ティーチング　50
TV　33

と

動線　39,44,47
特別支援学級　106
特別支援学校　106

特別支援教育　64,77,78

な　ね　の

何でも一言で提示しよう　56
寝返り　13
ネグレクト　20,27
脳血流　9

は

ハイハイ　13
発達障害　40,64,77
発達の遅れ　64
母親支援　22
早寝・早起き　26
パラシュート反射　13

ひ

微細運動　36,93
ビデオ　33
一言提示　56
昼寝　26,36

ふ

父性　19
不適切な子育て　70
増やしたい行動　53

へ

ペアレントトレーニング　10,
　34,51,53,68,71,87
減らしたい行動　55

ほ

保育所日課　58
保育要領　59
保護者　47,94,96,97,98,100
母性　15,16,19,22
哺乳　15
ほめる　54

め　も

メディア　31,32,33,89
面談　102
申し送り　99

や　ゆ

役割分担　81
ユニバーサルデザイン　105

よ

幼稚園教育要領　59
幼保小連携　2
夜泣き　27

る　れ

ルールのある遊び　77,78
暦年齢　4
レディネス　7
連携　96,98,100
　——，幼保小　2

● 欧　文 ●

AD/HD　116
DQ　103
DVD　33

IQ　103
LD　112
PT　34,53,68,71,87

social smile　16
TV　33

著者紹介

横山浩之（よこやま ひろゆき）

【略　歴】

昭和 62 年 3 月　　東北大学医学系研究科卒業
平成 6 年 3 月　　東北大学大学院医学系研究科卒業，医学博士

平成 8 年　　　　ヨーロッパヒスタミン学会優秀賞
平成 10 年　　　　日本小児神経学会優秀論文長嶋賞を受賞
平成 10 年 10 月　 東北大学医学部付属病院小児科にて，知的発達支援外来を主宰
平成 19 年 4 月　　山形大学医学部看護学科　臨床看護学講座　准教授
平成 21 年 2 月　　山形大学医学部看護学科　臨床看護学講座　教授
平成 28 年 4 月　　福島県立医科大学　ふくしま子ども・女性医療支援センター　教授

＜初版第 2 刷発行時点＞

【著　書】

新版 軽度発達障害の臨床―AD/HD, LD, 高機能自閉症 レッテル貼りで終わらせないよき成長のための診療・子育てからはじめる支援（診断と治療社）

診察室でする治療・教育―軽度発達障害に医師が使うスキル（明治図書）

マンガでわかるよのなかのルール（小学館）

教室で ADHD/LD 症状―駆け込み相談に医師が答える QA 事例集（明治図書，竹田博之氏との共著）

医学と教育との連携で生まれたグレーゾーンの子どもに対応した作文ワーク（明治図書，大森修氏による編，筆者による監修）
医学と教育との連携で生まれたグレーゾーンの子どもに対応した算数ワーク（明治図書，大森修氏による編，筆者による監修）

【連絡先】

e-mail：hiroyuki-yokoyama@umin.net

［本書の一部は科研費基盤(C)23593282，26463404 の研究成果である］

- **JCOPY** 〈(社)出版者著作権管理機構 委託出版物〉
  本書の無断複写は著作権法上での例外を除き禁じられています．複写される場合は，そのつど事前に，(社)出版者著作権管理機構（電話 03-3513-6969，FAX03-3513-6979，e-mail：info@jcopy.or.jp）の許諾を得てください．

- 本書を無断で複製（複写・スキャン・デジタルデータ化を含みます）する行為は，著作権法上での限られた例外（「私的使用のための複製」など）を除き禁じられています．大学・病院・企業などにおいて内部的に業務上使用する目的で上記行為を行うことも，私的使用には該当せず違法です．また，私的使用のためであっても，代行業者等の第三者に依頼して上記行為を行うことは違法です．

保育士・幼稚園教諭・支援者のための
乳幼児の発達からみる保育 "気づき" ポイント44

2014年 6月 4日　初版第1刷発行
2017年12月20日　初版第2刷発行

ISBN978-4-7878-2071-6

著　　者	横山浩之
発 行 者	藤実彰一
発 行 所	株式会社　診断と治療社
	〒100-0014　東京都千代田区永田町2-14-2　山王グランドビル4階
	TEL：03-3580-2750（編集）　03-3580-2770（営業）
	FAX：03-3580-2776
	E-mail：hen@shindan.co.jp（編集）
	eigyobu@shindan.co.jp（営業）
	URL：http://www.shindan.co.jp/
本文イラスト	藤立育弘
装　　丁	保田　薫（hillbilly graphic）
印刷・製本	三報社印刷　株式会社

[検印省略]

©Hiroyuki YOKOYAMA, 2014. Printed in Japan.
乱丁・落丁の場合はお取り替えいたします．